Diseñada para la

Intimidad

Reconciliando

a Hombres

y Mujeres

con el Plan

Original

de Dios

Jane Hansen

con Marie Powers

EDITORIAL
UNILIT

Publicado por
Editorial **Unilit**
Miami, Fl. 33172
Derechos reservados

Primera edición 1997

© 1997 por Jane Hansen
Todos los derechos reservados
Originalmente publicado en inglés con el título:
Fashioned for Intimacy por Regal Books
División de Gospel Light
Ventura, California U.S.A

Traducido al español por: Nellyda Pablovsky

Citas bíblicas tomadas de la "Biblia de las Américas"
© 1986 The Lockman Foundation,
La Habra, California 90631
Usada con permiso.

Producto 495015
ISBN 0-7899-0417-9
Impreso en Colombia
Printed in Colombia

Contenido

Agradecimientos

Quiero agradecer a los que caminaron junto conmigo por el proceso de escribir este libro para animar, ayudar, orar; aquellos que han "oído el sonido".

Gracias a Jennie Newbrough que empezó a decirme hace cinco años, "¡tienes que escribir esta palabra!" Ella ha obrado en oración para dar a luz este proyecto. Gracias a Diane Moder, a quien Dios también usó para ayudarme a tener en alto mis brazos. Karen Anderson, editora de Aglow, ha sido una ayuda maravillosa para mí. Laurie Lischke, Lorene Carlson, Kay Rogers, Diane Fink y Pat Gaines son otras mujeres que han estado a mi disposición, prestándome su apoyo, amor y oraciones en tantas formas. Gracias a Carol Greenwood, amiga y escritora avezada, por su toque especial en la historia del halcón.

Una palabra de aprecio para mis editores, tanto en la versión en inglés como en español, con quienes fue grandioso trabajar.

Luego, mi gratitud y amor profundos de todo corazón para mi esposo e hijos fieles, comprensivos, cariñosos que me dieron tan generosamente el tiempo necesario para escribir.

Por último, para mi querida amiga Marie Powers que es coautora de esta obra, quiero decirte gracias por tu diligencia, atención y fidelidad en ayudar a dar expresión a lo que ambas vemos como el corazón de Dios para su Iglesia. Que Dios use esta palabra para llevar la tan necesitada sanidad y restauración al cuerpo de Cristo mientras Él sigue preparándonos para su regreso.

Con todo mi corazón agradezco a cada uno de ustedes y al Señor por su amor increíble, misericordia sin límites y sabiduría múltiple.

Jane Hansen
Edmonds, Washington
Junio de 1997

Introducción

*A quien el cielo debe recibir
hasta el día de la restauración
de todas las cosas.*

Hechos 3:21

Muchas cosas están siendo restauradas en nuestra época. Algunos se refieren a lo que está pasando como el movimiento de la reconciliación, "un movimiento que confronta baluartes importantes como el racismo y otros orígenes de la división"[1].

El Espíritu Santo está restaurando nuestra visión, abriéndonos los ojos para que veamos como nunca antes: aspectos de prejuicio, donde nos hemos herido y ofendido mutuamente y actitudes que han hecho que nuestros corazones se cierren. ¡Qué tremendo derramamiento de gracia estamos viviendo mientras el Espíritu Santo prepara a la familia de Dios para el regreso de Cristo!

El versículo bíblico introductorio nos indica que todas las cosas serán restauradas antes que Jesús salga del cielo para regresar a la tierra. Entendemos que esto no significa que la tierra y todos los males del mundo serán, de alguna manera, restaurados y corregidos milagrosamente. Isaías 60:2 expresa que "tinieblas cubrirán la tierra, y densa oscuridad los pueblos". En el mismo pasaje el profeta Isaías dice al pueblo de Dios: "ha

7

llegado tu luz y la gloria del Señor ha amanecido sobre ti"
(versículo 1).

Entonces ¿qué se debe incluir en "todas las cosas" que
serán restauradas? El cuerpo de Cristo, la familia de Dios. Él
(Cristo) restaura la casa, la morada del Señor para que Él
venga a esa casa y la llene con su gloria.

Su casa no está hecha con ladrillos o piedras sino con
"piedras vivas" edificadas en una casa espiritual (1 Pedro 2:5).
Su casa consiste de hombres y mujeres, carne y sangre,
corazones aunados con el suyo. Nosotros somos su cuerpo,
su morada. Somos los portadores de la imagen del Dios
Todopoderoso en la tierra.

Desde el comienzo Él ha dado a conocer su intención:

*Creó, pues, Dios al hombre [la especie] a imagen
suya, a imagen de Dios lo creó; varón y hembra
los creó. Y los bendijo Dios, y les dijo: Sed
fecundos, y multiplicaos, y llenad la tierra y sojuzgadla; ejerced dominio sobre los peces del
mar, sobre las aves del cielo y sobre todo ser
viviente que se mueve sobre la tierra.*

Génesis 1:27,28

El hombre y la mujer fueron el comienzo, el cimiento de
la casa del Señor: el lugar donde Él habitaría y empezaría a
revelarse en la tierra. Dios tenía la intención de realizar, a
través de ellos, algo por sí mismo en la tierra, algo que hablara
en definitiva, no sólo de generación en generación sino también en la eternidad, en los tiempos venideros.

Él moldeó específicamente esta unión, esta relación, para
que desplegara exacta y vívidamente su imagen, su corazón,
su carácter en la tierra.

El plan de Dios no era secreto pues fue públicamente
anunciado al universo y el enemigo jurado de Dios lo oyó. El
enemigo sabía que el éxito del plan dependía de la unidad y

confianza de estas dos personas, pues ambos llevaban la imagen de Dios.

Una vez más Satanás intentó enaltecerse contra Dios, exaltar su trono, su gobierno, por encima del trono de Dios y sabía precisamente dónde golpear (ver Isaías 14:13,14). Él sabía que era esencial introducir la separación, la desconfianza, el miedo y la sospecha entre hombre y mujer, los portadores de imagen que Dios se proponía usar para su plan en desarrollo sobre la tierra. La fuerza del hombre y la mujer estaba en su unión. Sin la unidad, sin ser uno, fallaría el plan de Dios.

Satanás atacó y su estrategia funcionó. Con vergüenza, culpa y desconfianza Adán y Eva se cubrieron uno del otro aun antes de esconderse de Dios. El designio original de Dios estaba roto, su imagen corrupta.

Sabemos que la humanidad sigue sufriendo las consecuencias del maligno golpe de Satanás, pero la triste verdad es que la Iglesia misma no se ha recuperado completamente de este hecho catastrófico. Los del cuerpo de Cristo aún tenemos que vivir un elemento de reconciliación muy clave y vital: la del hombre y la mujer. Esta relación, por sobre todas las demás, es el cimiento desde el cual Dios obrará para cumplir su intención final.

El Espíritu Santo obra hoy abriéndonos los ojos para que nuestros corazones se puedan abrir. Él restaura esta primera relación de hombre y mujer: los portadores de la imagen de Dios.

En todas las expresiones de reconciliación no sólo deben abrirse nuestros ojos para ver cómo nos hemos herido mutuamente sino que también nuestros corazones deben humillarse y quebrarse ante Dios por las maneras en que nos dejamos ser usados por el enemigo para promover su plan insidioso. Por medio de nuestro arrepentimiento descubriremos que contribuimos, ignorantes, a demorar esa misma cosa que más anhelamos: la expresión total del reino de Dios en la tierra.

Dios se revela por medio del hombre y la mujer unidos. La restauración de esa relación nos devolverá al lugar de bendición y propósito abundantes que Dios reveló al comienzo del tiempo.

Francis Frangipane dice en *The House of the Lord* (La casa del Señor): "si queremos obtener las mayores bendiciones de Dios debemos abrazar su propósito supremo"[2].

Mi oración es que este libro sea un instrumento en la mano de Dios para ayudarnos a regresar a su propósito supremo.

1

El Padre y su familia

> También ha puesto la eternidad en
> sus corazones [un sentido de
> propósito divinamente implantado
> que obra a través de las edades y
> que nada bajo el sol sino Dios solo
> puede satisfacer].
>
> Eclesiastés 3:11

En la primavera de 1994, el romance de las aves golpeó primero la primera plana del periódico local. El amor era, literalmente, "en el aire" pues había una pareja de halcones peregrinos cortejándose muy alto por sobre las calles de la zona del centro. Estas dos aves retozaban en los cielos, bajando en picada más allá de las ventanas de la oficina y aleteando onduladamente entre los edificios altos. Su amor floreció, por fin, en las alturas espaciosas y se construyeron una "casa" en el alero del piso cincuenta y seis de la Torre de la Mutual Washington.

Llamados Stewart y Virginia, por los nombres del cruce de calles que había debajo de ellos, los dos halcones se instalaron para tener hijos encima de uno de los rascacielos. Pronto se volvieron tema obligado de conversación en la zona de Puget Sound, particularmente después que Virginia puso varios huevos.

Las cámaras de televisión llegaron al sitio y filmaron de cerca esta pequeña familia en fabricación, dando a los lugareños televidentes las últimas noticias por la noche. Uno de los bancos instaló un monitor para que los clientes que efectuaban sus trámites bancarios pudieran observar el progreso de ellos. "¿Saben alguna novedad de los halcones? ¿Todavía está intacto el nido? ¿Salieron ya los polluelos?" Parecía que todos querían conversar de los pájaros.

Durante tres meses los fascinados ciudadanos de Seattle, la principal ciudad del estado de Washington, se enfocaron en la familia de halcones, escudriñando diariamente los cielos en busca de todo suceso nuevo. Los transeúntes de las calles de abajo y los oficinistas de los altos edificios cercanos mantenían una vigilancia estrecha de las aves.

Por fin se rompieron los huevos y Virginia y Stewart dieron la bienvenida a tres polluelos de halcón. Había nacido una familia y toda la ciudad prorrumpió en vítores.

Entonces, bruscamente golpeó la tragedia.

Mientras andaba fuera en la misión de juntar comida, Virginia se confundió con los reflejos de las ventanas de los altos edificios y se estrelló de cabeza contra el lado del edificio. Su cuerpo inerte cayó a la acera y su muerte señaló la desintegración de la familia.

Sin su madre, los polluelos de una semana de edad no podían protegerse del frío, así que se los llevó de su nido un guardián del zoológico local y experto en la investigación de los halcones. Mientras tanto, papá Stewart volvió al alero sólo para hallar que su prole había desaparecido.

Reflexión sobre los halcones

Se acabó la epopeya de los halcones. Una callada sensación de pérdida descendió sobre una ciudad que, por breve tiempo, se había unido en un fuerte lazo de afecto por una familia de pajaritos. Aquí, en Seattle, una metrópolis sofisticada y sumamente tecnologizada, los abogados de los rascacielos dejaban sus serias negociaciones legales para acercarse a las ventanas y ver como estaban los halcones. Los ingenieros se tomaban pausas de sus computadores para controlar "la vida en el alero". Los empleados y secretarias caminaban en sus descansos del mediodía bajo el nido y exploraban los cielos para ver si había actividad de los halcones.

Más de una vez yo volví a repasar mentalmente el fuerte contraste de todo el hecho, cavilando sobre la impresión que hizo en el corazón colectivo de una ciudad de ritmo veloz. Hallé interesante que una familia de avecitas pudiera ejercer una fascinación tan potente en tanta gente, que ellos empatizaron tan íntimamente con el cortejo, matrimonio y nacimiento de una familia de pájaros.

Por esos pocos meses en Seattle, ciudad repleta de gente quebrada, que lucha y fracasa en sus relaciones, esa gente observó a una familia de pajaritos y vitoreó cuando la familia se reunió y pareció florecer; luego, se condolió cuando la familia se rompió.

Aquí había mucho más que la mera curiosidad por unos halcones. La relación observada en la familia de pájaros había pulsado una cuerda sensible de los corazones humanos: Esta es la manera en que supone que sea la vida. Así es como realmente se pensó que funcionara la vida. Fue una demostración de la vida real de que "sus atributos invisibles [los de Dios], su eterno poder y divinidad, se han visto con toda claridad, siendo entendidos por medio de lo creado" (Romanos 1:20). En otras palabras, el corazón de Dios, lo que Él quiere y desea para su pueblo, se refleja en el mundo creado para que todos vean. No asombre que todos hayamos sido tocados por esos halcones. El drama actuado muy por encima del suelo nos mostró claramente que la familia, la relación y la intimidad están en el corazón del Padre.

Una sociedad rota llena de gente rota, hombres y mujeres que fracasan en sus matrimonios, luchan con sus relaciones, dejan atrás familias rotas y apenadas sólo para irse a empezar otra, siguen respondiendo internamente a la 'cosa' real de la familia aunque sea demostrado por pájaros. El amor, la pertenencia, la unidad, el calor y la seguridad son todos la dinámica de la familia como Dios concibió que fuera. La familia de halcones era como un letrero luminoso, alto en el cielo, parpadeando un mensaje claro e invariable: *¡La familia fue idea de Dios y es buena!*

La familia: El desborde del corazón del Padre

Muchas voces nos dicen que el concepto de familia está pasado de moda y que hasta es irreal en la sociedad de hoy. Vemos familias por todos lados que se rompen y viven la devastación en una tasa alarmante. Oímos el clamor de las exigencias aumentadas de la comunidad homosexual que pide matrimonios del mismo sexo, los amantes que cohabitan insistiendo que "el matrimonio no es más que una hoja de papel". Añádase a eso las feministas radicalizadas que declaran, "¡no necesitamos a los hombres, podemos arreglarnos solas!"

Desde el comienzo la familia fue el centro de la creación de Dios. Cuando Dios creó cielos y tierra, no sólo buscó "por ahí" para diseñar arbitrariamente un plan para esta nueva creación. Como Él es omnipotente (todopoderoso) y omnisciente (sabe todo), podía haber diseñado la tierra y sus habitantes para que funcionaran en cualquier forma que Él eligiera.

Sin embargo, Dios es primeramente Padre. Esta es su identidad inicial más fundamental. Lo vemos revelarse en este papel al comienzo de la creación y del tiempo como lo conocemos hoy. El autor DeVern Fromke manifiesta que saber que Dios es Padre "resuelve el enigma de la vida y el propósito".

En su libro *The Ultimate Intention* (La intención final) declara eso desde esta perspectiva:

> Súbitamente reconocemos por qué el apóstol Pablo siempre empezaba refiriéndose al corazón del Padre eterno desde antes de la fundación del mundo. Pablo siempre comenzaba con la Paternidad vital de Dios (compartirse a Sí mismo). No era con las variadas actividades del Padre ni con sus atributos maravillosos que empezaba Pablo; era con la persona que Él es principalmente: EL PADRE. Así, pues, *la Paternidad vital de Dios* es entendida como el factor definitivo y controlador que determina todas sus actividades. Todo cobra pleno sentido cuando tiene un *matiz paternal eterno*. Entendemos por qué Él hizo todo lo que hizo. La luz nueva irrumpe en el futuro ¿Qué desearía un Padre, se propondría y pretendería finalmente?[1] (Énfasis agregado.)

> Dios nos pone en familias como un desbordamiento de su propio "corazón de Padre".

A su semejanza

Como Dios es Padre, tiene la naturaleza de Padre y Él solo es la fuente de todo lo bueno, quiso reproducirse y llenar la tierra con su propia imagen: todo eso que Él es. Todas sus características: su amor, su benignidad, su misericordia, su gracia, fueron atributos de un Padre para sus hijos, atributos que Él pretendía reproducir en ellos. Él quería que toda la creación, especialmente "los principados y potestades en las regiones celestes" (ver Efesios 6:12), pudieran mirar a Su familia, Sus hijos y reconocer que indudablemente Dios era el Padre de ellos. La belleza del corazón y naturaleza de su Padre se desplegaría en ellos (ver Efesios 3:9-11).

Eso da mayor significado a las palabras que leemos en Génesis 1:26 cuando Dios dijo: "Hagamos al hombre a nuestra imagen, conforme a nuestra semejanza" (para que ellos puedan llevar el sello de nuestra semejanza). La humanidad fue concebida para llevar más que una semejanza racional o moral de Dios.[2] Él tenía la intención de que su propio Espíritu fuera puesto dentro de nosotros. A. W. Tozer está de acuerdo:

> Muy por dentro de cada ser humano hay un santuario privado, un lugar sagrado donde solamente Dios puede habitar. Él ha plantado algo de sí mismo (eternidad) en cada pecho humano…. Un sentido de propósito que nada ni nadie sino Dios puede satisfacer. Este lugar es llamado el espíritu del hombre. Y eso que le hace ser humano no es su cuerpo sino su espíritu, el lugar donde fue hecha reposar la imagen de Dios.[3]

El corazón o espíritu del hombre es donde deseaba habitar Dios, donde Él se revelaría para hacer crecer y cambiar nuestras vidas. Dios reproduce su semejanza en el corazón.

"Padre", un vocativo de parentesco

Dios no sólo quería reproducirse a sí mismo y llenar la tierra con su semejanza, también anhelaba una familia. "Padre" es un vocativo de parentesco. Dios quería hijos con quienes pudiera compartir su vida. Él quería un pueblo que lo amara y le respondiera, un pueblo que tuviera la capacidad de conocerlo y confraternizar íntimamente con Él.

Como expresión ulterior de ser creados a su imagen de "Padre", Dios dotaría a la humanidad, hombre y mujer juntos, del privilegio de agrandar Su familia.

La familia fue el designio de Dios para hombres y mujeres desde antes de la fundación del mundo. La familia era un lugar al cual podían pertenecer, donde conocer el amor, donde ser afirmados y vivir la intimidad. Era un lugar donde sus hijos recibirían un nombre e identidad, todos como expresión de su corazón por Su familia. Pablo declara que "de quien [Padre] recibe nombre [carácter, naturaleza] toda familia en el cielo y en la tierra" (Efesios 3:15).[4]

Como Padre omnisciente Dios sabía cómo sería óptima la vida para nosotros y diseñó todo de manera concordante.

El linaje familiar

El marco de la familia surgió, entonces, desde el corazón del Padre. Fue instalado desde el comienzo y ha tenido un lugar de propósito continuo importante a través de la historia.

Dios empezó su familia con un hombre, Adán, creado a su propia imagen, pero pronto declaró que la condición solitaria de Adán no era "buena". Como solución a este problema, la mujer fue creada del hombre y en este momento, "los bendijo Dios, y les dijo: Sed fecundos y multiplicaos" (Génesis 1:28). En otras palabras, *"ellos iban a convertirse en familia"*.

El reino de Dios, la naturaleza y el carácter de Dios, como asimismo el funcionamiento del plan de Dios en la tierra, iba a ser realizado en y por medio del hombre y la mujer y del concepto de familia. Ahí pronuncia Dios su bendición.

Este énfasis continúa en Génesis 9:1, luego de la devastación causada por el diluvio. Dios vuelve a destacar el concepto y estructura de la familia cuando bendice a Noé, diciéndole que también tenía que ser fecundo y multiplicarse y llegar a ser una familia.

En Génesis 12, la bendición de Dios para Abraham dice: "en ti serán benditas todas las familias de la tierra" (versículo 3).

Cuando los hombres se circuncidaron como señal del pacto, Génesis 17, fue hecho conforme a las familias.

Las genealogías bíblicas, con sus listas de familias, eran de suma importancia en el registro de Dios.

En Éxodo 12:3 leemos del advenimiento de la pascua, en que se instruye a los israelitas que "cada uno tomará un cordero, *según sus casas paternas*; un cordero para *cada casa*" (itálica agregada).

Las tribus israelitas fueron dispuestas en torno al tabernáculo "conforme a su casa paterna" (Números 2:34).

Cuando Nehemías supervisaba la restauración del muro alrededor de Jerusalén, dispuso a la gente para que trabajara frente a sus casas, "por familias" (Nehemías 4:13).

En Hebreos 3:6 se llama familia o casa de Dios a los seguidores de Cristo. La Iglesia es el cumplimiento del plan de Dios de tener una familia para Él. Aquí nadie queda afuera. El quebrantado, el herido, la viuda y los huérfanos, todos tienen lugar. Se incluye a los solteros. Las palabras del salmista reflejan la tierna providencia de Dios por los solos: "Dios prepara un hogar para los solitarios" (Salmo 68:6); "Padre de los huérfanos y defensor de las viudas es Dios" (versículo 5).

El patrón es evidente. Pero un hecho es tan profundo en su repercusión consecuente que todo lo que hemos dicho hasta aquí empalidece comparativamente. La más grandiosa revelación del corazón de Dios tocante a la familia vino en la persona de su Hijo, Jesús, Aquel que vino a la tierra a revelarnos al Padre. Jesús fue la corporización del camino, la verdad y la vida. Pero Él nació en una familia humilde. Fue criado por una madre y un padre. Tuvo hermanos. Vivió 30 años en una casa con una familia antes de enseñar o realizar un milagro. A los 12 años de edad fue al templo y habló con tal autoridad que los maestros de la ley quedaron confusos. La sabiduría de este niño era asombrosa.

Al estar en el templo Jesús captó lo que significaba estar en la casa de su Padre y anheló ocuparse de los negocios de su Padre pero volvió a su casa, sometiéndose humildemente a la guía de sus padres. En este ambiente familiar creció el niño "en sabiduría, en estatura, y en gracia para con Dios y los hombres" (Lucas 2:52).

Entonces, vemos claramente que la familia es designio de Dios. Fue su elección y plan. Él le dio su mayor respaldo cuando puso a su propio Hijo dentro de sus muros de protección y de aliento. Dentro de este marco su plan para la humanidad y Él mismo se realizarán mejor. En el contexto de la familia vivimos la sensación de pertenecer y de unión, los cuales anhela nuestro corazón. Aquí recibimos no sólo el amor y el apoyo que necesitamos sino también la oportunidad de madurar y crecer que produce hijos e hijas a la imagen de su Padre Dios en forma sana. También en este ambiente crecemos "en sabiduría, en estatura, y en gracia para con Dios y los hombres".

La gran rotura

Cuando se desmorona la columna vertebral del marco de Dios toda la vida queda desarticulada. El dolor, la desintegración, la disfunción y el quebranto serán el penoso resultado. No tenemos que mirar fuera de nuestras ciudades y barrios para darnos cuenta de que esto describe a nuestro mundo de hoy. A medida que la vida familiar sigue astillándose, la sociedad total sufre.

Según David Blankenhorn, autor de *Fatherless America* (Los Estados Unidos de Norteamérica huérfanos) "[cuarenta] por ciento de los niños estadounidenses se acostarán esta noche en hogares en que no viven sus padres". Prosigue diciendo: "el problema social más urgente de los Estados

Unidos de hoy es la orfandad. La falta de padres es la tendencia demográfica más dañina de esta generación. Es la causa principal del deterioro del bienestar infantil en nuestra sociedad y es el motor que impulsa nuestros problemas sociales más críticos, desde la delincuencia al embarazo de las adolescentes al maltrato sexual infantil a la violencia doméstica contra las mujeres".[5]

Buscando en otra parte

"Si no tenemos familia, buscaremos una." Las necesidades de las víctimas heridas y quebrantadas de las rupturas familiares claman satisfacción. Muchas de estas personas heridas que optan por dejar a sus propias familias, buscan finalmente una 'familia' de reemplazo.

Pienso en los años 60 como una época en que miles de jóvenes echaron a un lado todos los frenos y "vivieron libres". Irse de casa parecía a muchos la manera 'más libre' de vivir.

Sin embargo, en la estela de su rechazo de los frenos familiares ellos se unieron a grupos que exigían limitaciones aún mayores tales como los Hare Krishnas, los Moonies y otras sectas religiosas. Meditar juntos se volvió la cosa "bien". Otros se conectaron con grupos que se drogaban juntos o se convirtieron en parte del "escenario callejero". Como el hijo pródigo escaparon de la familia, pero la reemplazaban rápidamente con otra. En sus corazones, igual que todos, ellos querían "pertenecer", ser parte de algo más grande que ellos mismos. Aprendieron que su identidad y la seguridad no podían encontrarse en el individualismo.

Hoy aumentan en todo el mundo las pandillas de adolescentes, otra clase de 'familia'. En los Estados Unidos las pandillas son la fuente del aumento más grave del número de delitos violentos cometidos en toda la nación. En Río de Janeiro, Brasil, es tan enorme la necesidad de pertenecer, de ser cuidado, que tienen los miles de niños de la calle que, instintivamente, se agrupan formando 'familias' en su falta de hogar.

El sentido de estructura y pertenencia que estos grupos de alternativa ofrecen suele tener un precio destructor. Cosas tales como el control de la mente, el lavado de cerebro, la actividad en el mundo de la droga, el maltrato sexual y físico, pueden ser todos partes que integran estas comunidades. El costo para las vidas individuales y la sociedad en general es incalculable.

Sin embargo, el aspecto más triste de todos es que todo sistema que no se base en el designio de Dios se quedará definitiva y desesperadamente corto en su habilidad de dar la intimidad verdadera para la cual fuimos creados.

Solamente Dios puede enderezar las cosas

En un sermón reciente uno de mis amigos pastores, Mike McIntosh, de Grace Church en Washington, formuló algunas observaciones que definen la naturaleza y propósito de las familias:

Oímos tan a menudo que el mundo es demasiado intenso, demasiado violento, demasiado feo y eso es lo que destruye nuestros hogares. No es el mundo el que destruye nuestros hogares. Es la debilidad de nuestros hogares la que está destruyendo nuestro mundo.

El pastor McIntosh prosigue señalando: "La cosecha surge de las semillas, la semilla no surge de la cosecha". Al afirmar esta secuencia él subraya un punto fuerte: Dios ha depositado una influencia poderosa en las familias. Si estas unidades sociales pequeñas son fuertes y sanas, influirán con su fuerza al mundo mayor que las rodea. Los hogares estables producen sociedades estables, no al revés.

"La fuerza de una nación", destaca McIntosh "es la fuerza de sus familias. No es una nación fuerte la que hace seguras a las familias. Son las familias fuertes las que hacen próspera a la nación. La familia es a la vez refugio y plataforma de lanzamiento para el cambio de la sociedad".

El pastor McIntosh tiene razón. La salud de la sociedad depende de la salud de las familias. Mayor aun es la salud de la familia de Dios. Su casa, la habitación de su Espíritu. La familia de Dios ha sido devastada y fragmentada. La enajenación, el divorcio y la ruptura familiar han sido tan flagrantes dentro de la Iglesia como fuera de ella.

La Palabra de Dios nos dice que el lugar donde Él empezará a "enderezar las cosas" será su casa pues Él pretende demostrar ahí su corazón y naturaleza al mundo: "Porque es tiempo de que el juicio comience por la casa de Dios" (1 Pedro 4:17). Su casa es donde empezará la restauración. Aquí comenzaremos a ver desplegados sus propósitos gloriosos en maneras siempre crecientes al irnos acercando al final de esta era llamada tiempo.

Como dijimos en la introducción, el plan de Dios no era secreto. Fue dicho claramente en la tierra. Dios tendría una familia a su semejanza que lo representara en la tierra y, así, gobernara en Su nombre (naturaleza). Satanás oyó y lanzó su ataque al corazón del plan. Para volver inefectivo este plan de Dios, él tuvo que apuntar al cimiento de la sociedad, de la Iglesia, de la familia de Dios: al hombre y la mujer. "Divide y reina" ha sido la táctica efectiva de más de un estratega bélico, táctica de la cual Satanás es el maestro. Unidos permanecemos, divididos caemos. Sabemos que la bendición de Dios estuvo sobre esta unión "porque allí mandó el SEÑOR la bendición" (Salmo 133:3).

Dios se mueve por su Espíritu Santo en forma estratégica. El movimiento de reconciliación interracial e interdenominacional que ha comenzado, es un anticipo de cosas aun mayores por venir. Dios quiere ir más lejos y sanar la ruptura dentro de cada raza, dentro de cada denominación: la división entre hombre y mujer, la primera relación de parentesco, no sólo en las parejas individuales sino asimismo en la Iglesia colectiva.

Solamente Dios puede revelarnos la magnitud en que el enemigo ha producido su devastación, la pérdida de fuerza y poder que ha sufrido la Iglesia por esta enajenación. He venido con gran gozo a anunciar "¡hay buena nueva en el horizonte!"

Algo para pensar

- ¿Qué descubrimos que era la naturaleza más básica y fundamental de Dios?
- ¿Cuál era la señal del respaldo de Dios que corona a la familia? ¿Este hecho afecta tu punto de vista sobre la familia; cómo?
- ¿Qué nos dice el Salmo 133 sobre el resultado de la unidad? Entonces, ¿cuál es el resultado de la desunión?

2

Restauración

> *A quien el cielo debe recibir hasta el día de la restauración de todas las cosas, acerca de lo cual Dios habló por boca de sus santos profetas desde tiempos antiguos.*
>
> Hechos 3:21

Restauración! El mero sonido de la palabra me estimula. Estimula mi amor por decorar. Me gusta tomar algo viejo o roto y restaurarlo a la vida. A menudo, para mi delicia, esa pieza se vuelve el punto central del enfoque de una habitación, agregando su encanto y vida nueva en una forma que realza todo lo que esté alrededor.

Recuerdo que hace unos pocos años tuve que "obrar mi magia" en un cuarto entero, nuestro dormitorio principal. Hice varios intentos de darle a este cuarto el toque especial que necesitaba, pero finalmente, me di cuenta de que sencillamente no estaba saliendo como yo esperaba.

Completamente frustrada llamé a mi amiga Beatriz, una decoradora de interiores profesional. "¡Socorro!", rogué. "¡Necesito tu opinión de experta!" Nunca olvidaré el día en que llegó a mi casa, con sus brazos cargados de libros, grandes anillos con trozos de material, muestras de pintura y de alfombras. ¿Cómo podría yo elegir de todo esto? Mientras subíamos Beatriz me aseguró que me ayudaría y guiaría por todo el proceso de restauración, hasta que la obra estuviera realizada.

Beatriz empezó su amable sondeo: "¿Qué te gusta? ¿Cómo esperas que se vea y sienta ese cuarto cuando hayamos terminado?"

Tuve que pensar en combinaciones de color: ¿Iba a ser un cuarto tradicional o preferiría un aspecto contemporáneo más impecable? ¿Quería dejar algunas de mis cosas actuales con lo nuevo que se iba a agregar?

Mientras yo le decía qué me gustaba, ella escuchaba, reuniendo información pertinente que le permitiría discernir justamente en qué dirección debíamos dirigirnos. La muestra de alfombra elegida fue puesta junto con el trozo de material que un día sería nuestra cubrecamas, cortinas y fundas de almohadas. Al lado puso un cuadro que ella había dibujado para mostrar la colocación de los muebles y otras piezas de adorno.

Nos echamos para atrás para mirar nuestra selección. De pronto, Beatriz, en su típica manera efusiva, echó sus brazos al aire y exclamó: "¡Oh, pero luce precioso!" Dándose vuelta para ver mi expresión de asombro, agregó rápidamente: "¡Cuando llego tan lejos con un cuarto como ahora, para mí está tan bien como si estuviera terminado!"

No pude evitar pensar cuánto se parece Dios a eso. Aquí estábamos, de pie en una vieja habitación sin restaurar, manchas en la alfombra, las paredes muy necesitadas de pintura nueva y muebles usados que debían reemplazarse. En este momento lo viejo era todo lo que yo podía ver, salvo unas pocas muestras de material y la promesa de una experta para restaurar mi dormitorio.

Sin embargo, para la experta eso lucía tan bien como si estuviera terminado. Ella tenía confianza en su habilidad, su pericia, para hacer justamente lo necesario. Ella lo había hecho repetidamente. El escenario se había repetido de casa en casa: restaurar lo viejo y poner lo nuevo, tal como Dios ha hecho en las personas y familias una y otra vez en el curso de los siglos.

Pero aquí hay una verdad más grande. Dios, el Maestro constructor mismo, vio sus obras terminadas antes que fueran empezadas. Hebreos 4:3 nos dice: "Las obras de Él estaban acabadas desde la fundación [la concepción o el comienzo] del mundo". Desde el momento en que Dios concibió mentalmente crear una familia para Él, antes que las primeras estrellas del hogar terrenal del hombre fueran colgadas en el cielo, sabiendo todo lo que le costaría a Él, su plan estaba consumado. Dios sabía que la belleza de su creación sería corrompida, que el pecado y la muerte entrarían en escena, que los corazones se mancharían y dañarían necesitando ser reemplazados con corazones nuevos.

Pero Él siguió adelante con su plan porque Él sabía que podía arreglarlo. Sin duda que Dios no empezó su obra de creación hasta que todo lo necesario para llevar al hombre a su destino definitivo, el de ser cambiado a su imagen, viviendo en comunión eterna e ininterrumpida con Él, cumpliendo todo aquello que fuimos creados para ser y hacer, estaba garantizado y en su lugar. Jesús, antes de siquiera llegar a escena, era la garantía, el Cordero pactado, "inmolado desde la fundación del mundo" (Apocalipsis 13:8).

El corazón de Dios

Como "creador fiel" (1 Pedro 4:19) Dios pactó restaurarnos aun antes que nos creara. La restauración no es simplemente algo en el corazón de Dios, ¡es el corazón de Dios! Es inextricable de Su naturaleza. Como tal es un tema que pasa por toda la Escritura: "Yo desgarré pero yo sanaré.... Yo he derribado pero yo levantaré.... Yo arranqué pero yo plantaré de nuevo.… Yo dispersé pero yo los volveré a reunir.… Yo los traeré.… Yo los volveré a traer" (Jeremías 31:10; Oseas 6:1).

La restauración es la razón por la cual vino Jesús a la tierra. Él no sólo vino a redimirnos de la caída, a recomprarnos de la muerte y el infierno, por esencial y maravilloso que eso sea. Con gran reverencia digo que la redención era sólo el primer paso del plan definitivo de Dios para nosotros. Como dice DeVern Fromke en *The Ultimate Intention* (La intención final), "un paréntesis incorporado en el tema principal. La redención no era el fin sino sólo un programa de recuperación",[2] incorporado para devolvernos a los propósitos mayores de Dios que Él planeó desde el comienzo.

El Evangelio de Lucas empieza diciéndonos: "y nos ha levantado un cuerno de salvación" (1:69). "Salvación" es una palabra que incluye todo pues significa "librar, proteger, sanar, preservar, hacer íntegro",[3] en otras palabras, 'restaurar'.

Estudie la definición del Webster para 'restaurar': "regresar a una condición normal o anterior reparando, reconstruyendo, modificando, devolver a la salud y fuerza, volver a poner en posición o rango".

El propósito de Dios al enviar a Jesús era que nosotros recibiéramos la restauración en toda dimensión de nuestras vidas: cuerpo, alma, espíritu y propósito. "Ciertamente Él llevó nuestras enfermedades, y cargó con nuestros dolores; con todo, nosotros le tuvimos por azotado, por herido de Dios y afligido. Mas Él fue herido por nuestras transgresiones, molido por nuestras iniquidades. El castigo por nuestra paz, cayó sobre Él, y por sus heridas hemos sido sanados" (Isaías 53:4,5). "Y con ÉL nos resucitó, y con Él nos sentó en los lugares celestiales en Cristo Jesús" (Efesios 2:6).

Dios quiere hacernos íntegros; ¡por eso Jesús sufrió y murió! Jesús, el Creador del universo, murió para restaurar eso que Él creó; y Él llevó más que sólo nuestros pecados. Él sufrió la muerte para que nosotros experimentáramos paz, sanidad y un sentido de propósito o destino, todo lo cual es necesario para la integridad. La restauración está en el corazón del evangelio, porque expresa el corazón mismo del Padre.

Casa central colectiva

El plan de Dios para la redención y restauración no es solamente individual sino también colectivo. Su intención siempre ha sido edificar a sus hijos en una casa colectiva para Él. Él quería adaptarnos juntos en Cristo para que pudiéramos crecer como "un templo santo para el Señor, en quien también vosotros sois juntamente edificados para morada de Dios en el Espíritu" (Efesios 2:21,22). Esto significa hombre y mujer, negro y blanco, todos nosotros que somos llamados por Su nombre.

Cuando la Escritura manifiesta que los cielos lo retendrán hasta que todas las cosas hayan sido restauradas, nos está diciendo que Jesús no regresará por un Cuerpo que aún está dividido, débil y roto, un Cuerpo de gente que camina ciegamente en la oscuridad, olvidados del plan y propósito de Dios para ellos. Él no pasará por alto ni ignorará las muchas promesas proféticas de restauración que Él ha dicho para su pueblo desde el comienzo del tiempo. "Porque en verdad os digo que hasta que pasen el cielo y la tierra, no se perderá ni la letra más pequeña ni una tilde de la ley, hasta que toda se cumpla" (Mateo 5:18).

Dios nos llevará de vuelta a lo que Él se propuso para nosotros desde antes del tiempo de la caída. Su familia, su Cuerpo, su Reino aun tienen que verse como la expresión gloriosa de su vida, tal como Él lo ha dicho. Él llenará aun Su casa con su presencia y gloria. Él desplegará al mundo lo que se propuso para nosotros hombres y mujeres desde el comienzo. Él revelará su camino, su verdad y su vida por medio nuestro a medida de ir volviéndonos restaurados de nuevo a su glorioso designio.

Movida sin precedentes

¡La restauración ha empezado! En los últimos 30 años hemos presenciado una movida sin precedentes de Dios. El final de los 60 señaló una ola barredora del Espíritu de Dios que tocó a hombres y mujeres, pero lo que ha tenido lugar en las vidas de las mujeres de este tiempo ha sido especialmente único y desacostumbrado.

Si miramos atrás en la historia podemos ver que Dios siempre ha usado mujeres. Muchas veces el plan continuo de Dios pareció depender de la respuesta de una mujer. Sin embargo, al leer las Escrituras surge que cuando Dios obró por medio de mujeres, lo hizo primordialmente por medio de mujeres individuales: una Jocabed por aquí, una Débora o una Ester por allá. Nunca en toda la historia ha habido la clase de llamamiento colectivo o avivamiento mundial de mujeres como el que hemos visto en los últimos 30 años.

Aglow Internacional y otros ministerios de mujeres nacieron durante este tiempo como respuesta al masivo clamor del corazón de las mujeres por saber más de Dios. Cuando Aglow nació en 1967 en la zona de Seattle, no hubo pensamientos grandiosos de que llegara a ser de alcance mundial, ni conciencia que esto era, efectivamente, el surgimiento de una movimiento del Espíritu de Dios que tocaría a las mujeres del mundo en una manera tan continua e intencionada. Sin embargo, el crecimiento, la extensión y la expansión pronto empezaron a ocurrir. Parecía que Dios estaba haciendo algo en la tierra que tenía relación específica con las mujeres. Se empezaron a reunir grupos en los Estados Unidos. Pronto hubo mujeres de otras naciones que se pusieron en contacto con las dirigentes de Aglow, pues querían saber cómo empezar capítulos en sus localidades. Hoy Aglow ministra en más del setenta por ciento de las naciones del mundo.

¿Qué estaba haciendo Dios? ¿Cuál era el propósito de este movimiento sin precedentes que parecía centrarse en las mujeres en forma tan innegablemente específica? La pregunta era demasiado evidente para pasarla por alto. Como dice la Palabra en Amós 3:7: "Ciertamente el Señor Dios no hace nada sin revelar su secreto a sus siervos los profetas".

En otras palabras, Dios no es reacio a dar a conocer su voluntad a su pueblo. Él siempre quiere revelar su corazón y plan a nosotros para que podamos caminar con Él conforme al entendimiento y ser capaz de cooperar con Él en eso.

Todo significa todo

Efesios 1:11 nos dice: "[Él]obra todas las cosas conforme al consejo de su voluntad" ¡*Todas* las cosas! No sólo unas pocas cosas, ni siquiera unas cuantas cosas, sino todas las cosas. Todo significa todo, cada pedacito, cada parte, cada persona. Lo abarca todo. Él no deja pasar nada por alto. Entendemos que Dios tiene un plan que cumplir en la tierra y este versículo nos dice que Dios hace todo teniendo presente el cumplimiento de ese plan. Él no pierde tiempo ni movimiento. Todo lo que hace tiene propósito y significado. Puede que no siempre entendamos los sucesos que ocurren en nuestras vidas, pero algo podemos saber y es que Dios, como Maestro constructor, siempre obra ejecutando su plan maestro para nosotros. No sólo por amor a nosotros sino por el suyo propio.

El movimiento sin precedentes del Espíritu de Dios en las vidas de mujeres entra en esta categoría. Es una de "todas las cosas" que Dios está haciendo conforme al consejo de su voluntad. Dios tiene algo planeado y nosotras tenemos que discernir qué es. ¿Por qué es tan importante o significativo que Él orqueste un avivamiento mundial de las mujeres? ¿A qué están siendo avivadas las mujeres? Creo que ha empezado una crítica restauración definitiva.

El representante de Dios

Debido a que los cielos retendrán a Jesús hasta que todas las cosas hayan sido restauradas, podemos estar seguros de que Él quiere que nosotros entendamos cuál será la naturaleza de esa restauración. Para saber en qué se ocupa Dios para discernir apropiadamente lo que Él planeó originalmente para su creación, tenemos que remontarnos al comienzo y seguir el orden de los hechos como Dios nos los ha dado allí.

Al abrirse la puerta del tiempo oímos a Dios que dice estas palabras:

> *Y dijo Dios: Hagamos al hombre a nuestra imagen, conforme a nuestra semejanza; y ejerza dominio sobre los peces del mar, sobre las aves del cielo, sobre los ganados, sobre toda la tierra, y sobre todo reptil que se arrastra sobre la tierra. Creó, pues, Dios al hombre a imagen suya, a imagen de Dios lo creó; varón y hembra los creó. Y los bendijo Dios, y les dijo: Sed fecundos y multiplicaos, y llenad la tierra y sojuzgadla; ejerced dominio sobre los peces del mar, sobre las aves del cielo y sobre todo ser viviente que se mueve sobre la tierra.*
>
> Génesis 1:26-28

Dios estaba manifestando su propósito para la humanidad. Primero estipuló que la humanidad sería hecha a imagen de Dios. Decir que el hombre es hecho a la "imagen" de Dios significa "que el hombre es como Dios y que el hombre representa a Dios".[4] Como tal, Adán iba a representar a Dios en la tierra y a ser la expresión de su vida maravillosa para el mundo que le rodeaba, empezando en el huerto de Edén. Adán iba a ser el comienzo de un pueblo que serían enlazado a Dios en una unión dadora de vida que comparte vida. Él iba a caminar en autoridad, a ejercer dominio sobre la tierra y sobre todo lo que contrarrestara el gobierno y el plan de Dios.

Dios expresó muy claramente qué significaba "ejerced dominio" para Adán. Como veremos Él también le ofreció la muy necesaria fuerza y poder para la tarea que le capacitaría a "representar" a Dios en la tierra.

Dios dijo primero a Adán y Eva "sed fecundos y multiplicaos". Veamos qué significan esas palabras:

Fecundo: que da o produce fruto; que crece o aumenta.

Multiplicar: aumentar (en cualquier aspecto), acrecentar, agrandar, crecer.[5]

Dios quería que su pueblo aumentara no sólo físicamente sino también espiritualmente y, por ello, estuviera en autoridad. Ellos tenían que madurar convirtiéndose en una potencia fuerte que venciera efectivamente a cualquier enemigo que enfrentaran. El faraón, (análogo a Satanás en la Escritura) expresó su temor de esto mismo cuando dijo en Éxodo 1:10,11:

> *Procedamos, pues, astutamente con él no sea que se multiplique y en caso de guerra, se una también con los que nos odian y pelee contra nosotros y se vaya de la tierra.*

Además de aumentar ellos tenían que "sojuzgadla y ejerced dominio".

"Sojuzgar" significa "vencer, esclavizar, pisotear, forzar, mantener sujeto, llevar al sometimiento".[6] Aunque algunos digan que esto significa meramente que Adán y Eva tenían que dominar las plantas y los animales, es una palabra mucho más fuerte para referirse a una creación que, hasta ese momento, estaba en armonía con ellos. Esta palabra se usa en otros pasajes para referirse a dominar tierras y pueblos enemigos.[7]

Conforme al *Theological Wordbook of the Old Testament* (Diccionario Teológico del Antiguo Testamento) el hebreo *kabash* significa "hacer servir por la fuerza si es necesario" y "supone que la parte sometida es hostil al sometedor".[8]

"Dominio" es semejante a "sojuzgar" y se define como "prevalecer contra, reinar o gobernar a, pisotear o subyugar".[9]

Conforme al segundo relato de la creación en Génesis 2, Adán fue antes instruido para cultivar y cuidar el huerto (versículo 15).

En esta 'ley de la primera mención' (el primer lugar en que algo se menciona en la Escritura, que sienta la base de todas las demás referencias ulteriores al mismo tema) vemos claramente que la humanidad fue hecha para la autoridad. Esta fue la descripción del cargo dada a los primeros portadores de la imagen de Dios: inicialmente el hombre y, subsecuentemente el hombre y la mujer juntos. Desde el momento de la creación de Adán, andaba ya en el huerto una potestad suelta en la tierra contra la cual se mandó a Adán resguardar y proteger su santuario. En última instancia, Adán y Eva juntos fueron encargados para sojuzgar y estar en autoridad sobre toda la tierra.

El enemigo que tenían que someter era el enemigo de Dios: Satanás, el que había intentado exaltarse y "ser como el Altísimo" (Isaías 14:14). Él ya andaba rondando por la tierra en busca de alguien a quien devorar, enfurecido con cualquier intención de Dios para sojuzgarle por medio del simple hombre. Después de todo, como vemos en Ezequiel 28:14 él había sido "el querubín ungido que cubre" indicando un oficio elevado y teniendo autoridad y responsabilidad para proteger y defender el santo monte de Dios.[10] Él era el sello de la perfección, lleno de sabiduría y de belleza perfecta. Era perfecto en sus caminos hasta que se halló iniquidad en él. Él fue enaltecido por su belleza, corrompió su sabiduría y, por tanto, fue arrojado del monte de Dios (ver versículos 12-19).

Desde el momento en que Lucifer se levantó contra Dios declarando su intención de exaltarse por encima de Dios, la respuesta de Dios fue rápida y muy directa:

> *"Han sido derribadas al Seol tu ostentación y la música de tus arpas"... ¡Cómo has caído del cielo, oh lucero de la mañana, hijo de la aurora! Has sido derribado por tierra, tú que debilitabas a las naciones... Sin embargo, has sido derribado al Seol, a lo más remoto del abismo. Los que te ven, te observan, te contemplan, y dicen: "¿Es éste aquel hombre que hacía temblar la tierra, que sacudía los reinos, que puso al mundo como un desierto, que derribó sus ciudades, que a sus prisioneros no abrió la cárcel?"... Ha jurado el SEÑOR de los ejércitos, diciendo: Ciertamente, tal como lo había pensado, así ha sucedido; tal como lo había planeado, así se cumplirá. Quebrantaré a Asiria en mi tierra, y la pisotearé sobre mis montes... Este es el plan acordado contra toda la tierra, y esta es la mano que está extendida contra todas las naciones. Si el SEÑOR de los ejércitos lo ha determinado, ¿quién puede frustrarlo? Y en cuanto a su mano extendida, ¿quién puede volverla atrás?*

> Isaías 14:11,12,15-17, 24-27

¡Dios ha declarado guerra a su enemigo! Satanás iba a ser arrojado al abismo del Seol: él sería pisoteado. Los ojos del pueblo de Dios iban a ser abiertos a quien es realmente él: aquel que hizo un desierto del mundo y trajo destrucción a sus ciudades. En este suceso Dios sería glorificado supremamente. En su sabiduría infinita Dios usaría al simple hombre:

débil, frágil, carne endeble, para someter a aquél (Satanás) que había oficiado en los lugares celestiales. ¡Qué insulto!

Una sala de clases terrenal

Mientras tanto Dios tiene algunas lecciones que quiere enseñar. Donald Barnhouse en su libro *The Invisible War* (La guerra invisible) lo describe de esta manera:

> El gran querubín reinante se volvió el enemigo maligno. Nuestro Dios no se sorprendió ni asombró pues, naturalmente, Él sabía antes que pasara qué acontecería y tenían Su plan perfecto listo para ser puesto en marcha. Aunque el Señor tenía el poder para destruir a Satanás con un soplido, no lo hizo así. Fue como si se hubiera proclamado un edicto en el cielo: juzgaremos a toda cabalidad esta rebelión. Le permitiremos que se desarrolle plenamente. El universo verá qué puede hacer la criatura aparte de Dios, aunque sea la criatura más elevada que haya surgido de la palabra de Dios. Observaremos este experimento y permitiremos que el universo de criaturas lo observe, durante este breve intervalo llamado tiempo. En éste se permitirá que el espíritu de independencia se expanda al máximo. Y el desastre y la ruina resultantes demostrarán al universo, y para siempre, que no hay vida ni gozo ni paz fuera de la dependencia completa del Altísimo Dios, el dueño del cielo y la tierra.[11]

La tierra había sido hecha para que la gobernara la humanidad por cuenta de Dios, pero el dominio no vendría sin conflicto. David lo entendió y habló de eso en el Salmo 8:

> *Por boca de los infantes y de los niños de pecho has establecido tu fortaleza, por causa*

de tus adversarios, para hacer cesar al enemigo
y al vengativo. Tú le [a la humanidad] haces
señorear sobre las obras de tus manos; todo lo
has puesto bajo sus pies.

(versículos 2,6)

Dios pretendía que el proceso de aprendizaje para dominar las obras de sus manos tuviera un propósito doble para Adán y Eva y su progenie resultante. Primero, ellos crecerían en madurez no sólo física y mental sino también espiritualmente. Segundo, aprenderían a conocer a su Dios volviéndose 'hijos' (e hijas) en el sentido más pleno e íntimo de la palabra.

El enigma de todo esto era que la tarea era demasiado grande para ellos. Ellos estaban en total desventaja; el enemigo que tenían que vencer era demasiado fuerte. Dios lo sabía y deliberadamente lo planificó. Esta situación imposible iba a ser la "sala de clases" de su aprendizaje.

Algo para pensar

- Vuelve a leer Apocalipsis 13:8. ¿Qué hizo Dios para asegurar que suceda todo lo que Él planeó para la humanidad?
- "Imagen" es una palabra clave que nos dice del plan y propósito de Dios para su familia. ¿Qué significa "imagen" como se la usa en la historia de la creación? ¿Qué significa para ti?
- Otra palabra clave que dice cuál sería uno de los deberes más significativos de la humanidad es 'sojuzgar' ¿Qué significa la palabra y a quién se aplica?

3

La historia de los dos árboles

En medio del huerto, el árbol de la vida y el árbol del conocimiento del bien y del mal.

Génesis 2:9

"Cuáles fueron algunas consecuencias de la Caída del hombre?", preguntó el profesor desde el frente de la clase para adultos de la escuela dominical.

"¡El trabajo!", respondieron rápidamente varios, mientras que otros gimieron su acuerdo.

Esta parece ser la percepción corriente de los cristianos. En medio de nuestras exhaustas vidas frenéticas, muchos estamos seguros de que lo que hacía un "paraíso" del huerto de Edén para Adán y Eva era que no tenían que trabajar. Sus días habrían consistido de paseos tranquilos al sol, siestas en una hamaca y reventar uvas para entretenerse. En un mundo repleto de actividad frenética, de luchar con el tráfico que va y viene, correr para cumplir fechas tope y los horarios de otras personas, esa idea nos puede sonar deliciosamente incitadora: por un rato.

Sin embargo, una vida de ocio no era el plan de Dios para Adán y Eva. ¡Nada que ver! Su primer plan para ellos no fue que se ganaran ansiosamente el pan con el sudor de su frente en forma frenética, afanada y temerosa. El plan de Dios iba a obrar para cumplir sus propósitos en la tierra, y obraría fundamentado en el reposo y la seguridad, basadas en la segura provisión de la bendición y el poder de Dios.

Era una obra de gran magnitud y no se cumpliría sin resistencia. Satanás era indudablemente un enemigo maligno, pero Dios no buscaba nada menos de la victoria total.

En Génesis 2:15 vemos que Dios empieza por dar a conocer su plan a Adán, antes que la mujer fuera llamada a escena. Aquí se nos dice: "Entonces el SEÑOR Dios tomó al hombre y lo puso en el huerto del Edén, para que lo cultivara y lo cuidara". Para comprender completamente qué estaba por hacer Dios tenemos que mirar cuidadosamente estas palabras. A la lectura superficial las dos palabras 'cultivar' y 'cuidar' parecen más bien inocuas y casi repitiéndose una a otra. No es así.

"Cultivar" significa 'atender' y 'labrar' literalmente 'trabajar',[1] pero la palabra "cuidar" capta nuestra atención. Significa 'rodear de' esto es, guardar; proteger, tener cuidado, ser circunspecto, observar, preservar, vigilar (vigilante)".[2] Génesis 3:24 usa la misma palabra para decirnos que el querubín con la espada encendida fueron puesto al este del huerto de Edén después de la Caída para "cuidar" y "guardar" el camino al árbol de la vida para que nadie pudiera aproximársele.

Nuevamente aquí tenemos una palabra que nos dice que ya había un enemigo al acecho. Adán tenía que cuidar el huerto, en realidad, ser un vigilante contra cualquier intromisión hostil. Esta obra era demasiado para el simple hombre. Dios lo sabía (y también Satanás). Inmediatamente después de su mandamiento para que Adán vigile y proteja el huerto, Dios le dice que él necesitará para ese trabajo:

> *Y el SEÑOR Dios hizo brotar de la tierra todo árbol agradable a la vista y bueno para comer; asimismo, en medio del huerto, el árbol de la vida y el árbol del conocimiento del bien y del mal...*

Y ordenó el SEÑOR Dios al hombre, diciendo:
De todo árbol del huerto podrás comer, pero
del árbol del conocimiento del bien y del mal no
comerás, porque el día que de él comas, cierta-
mente morirás.

Génesis 2:9,16,17

La providencia de Dios

Cuando Dios puso a Adán en el huerto, diciéndole que lo cultivara y lo cuidara, Dios no pretendía que él lo hiciera así con su propia fuerza. Desde el inicio del plan de Dios se había hecho provisión, la cual no era sino el árbol de la vida, representante de impartir la vida de Dios a esta nueva criatura. Si Adán iba a reinar y gobernar como estaba planeado, si él iba a tener la habilidad de resistir y estar en autoridad sobre Satanás, el enemigo de Dios, entonces necesitaría indudablemente mucho más que su endeble fuerza propia. Por tanto, Dios no sólo abasteció a Adán con la comida física de hierbas y otros árboles sino con el alimento espiritual: Su propia vida, el árbol de la vida.

Dios mandó a Adán que participara de ello, lo cual no fue una sugerencia. Fue una orden porque era una necesidad. Su vida dependía de ello. El futuro del plan de Dios dependía de eso. Por tanto, Dios usa aquí una lenguaje fuerte y manda, ordena, al hombre que participe. Como lo expresa tan bellamente Watchman Nee en su libro *El mensajero de la cruz*:

De todos los árboles comestibles, este [el árbol de la vida] es el más importante. Este es lo que Adán debiera haber comido primero. ¿Por qué es así? El árbol de la vida significa la vida de Dios, la vida increada de Dios. Adán es un ser creado y, por tanto, no posee esa vida increada. Aunque en este punto aún está sin pecado, no obstante es sólo natural puesto que no ha recibido la vida santa de Dios. El propósito de Dios es que Adán elija el fruto del árbol de la vida por su propia voluntad para que él pudiera ser emparentado con Dios en la vida divina. Y, así, Adán hubiera ido de ser sencillamente creado por Dios a ser nacido de Dios también. Lo que Dios requiere de Adán simplemente es que él niegue su vida natural creada y sea unido a Él en la vida divina, viviendo de este modo por la vida de Dios. Tal es el significado del árbol de vida.[3]

DeVern Fromke afirma esta verdad en *The Ultimate Intention* cuando, bajo el encabezamiento "Algo que Adán nunca tuvo" escribe estas palabras:

Puesto que Adán no era sino un ser creado, por intención de Dios tenía que tener vida creada solamente hasta el momento en que él pudiera "llegar a ser" un partícipe de la vida divina. Dios no podía forzar la vida divina en Adán. El árbol de la vida (típico del Hijo eterno dador de la vida) creció en el huerto, pero Adán aún no había discernido su valor supremo. Démonos cuenta de que aun antes de que Adán pecara, necesitaba una relación de parentesco vital por nacimiento para llegar a ser hijo, conforme al plan del Padre. Quizá nada haya cegado más la visión y el crecimiento de los creyentes que la falsa suposición de que Adán en su inocencia y falta de pecado era todo lo que Dios siempre se propuso que él fuera.[4]

Entonces, la propia vida de Dios es ofrecida a Adán, por la cual vivir, una vida de confianza y dependencia de Él; sin duda de que se le manda que participe de ella. El árbol del conocimiento del bien y el mal está yuxtapuesto al otro, representando el camino de la carne, de la independencia, del confiar en la propia fuerza, de optar por su propio camino.

No debemos pasar por alto el hecho de que Adán tuvo un mandamiento positivo de parte de Dios para obedecer (come) antes de tener un mandamiento negativo (no comas). Fácil; es pasarse esto por alto y la mayoría lo hicimos. La confusión radica en las palabras 'puedes' y 'libremente'. 'Puedes' no supone 'tener o no permiso o autorización para' y 'libremente' no significa 'libre para hacerlo o no''. 'Libremente' parece ser un remanente de la traducción King James que en su época fue correcta, pero hoy usamos la palabra con sentido diferente. No es palabra independiente sino parte del hebreo 'comer' *akal* que significa 'comer, quemar, consumir, devorar... libremente (abundantemente), etc.[5]

Adán tenía que comer mucho (libre o abundantemente) de los árboles que Dios había provisto para su sostén y fuerza, específicamente del árbol de la vida. Varias fuentes dicen que Génesis 2:16 se traduce literalmente: "Y ordenó el SEÑOR Dios al hombre, diciendo: De todo árbol del huerto podrás comer'.[6] La repetición de la palabra "comer" implica 'sobreabundancia' e intensifica la fuerza de la orden.

Las palabras 'puedes' y 'libremente' indican que Dios estaba dejando a discreción de Adán 'si, cuándo o cuánto' comer. Adán, teniendo libre albedrío, no podía optar por no comer de la provisión hecha por Dios, puesto que de hacerlo así estaría desobedeciendo directamente el mandamiento.

El patrón del mandamiento positivo de Dios para participar de su providencia antes de dar su mandamiento negativo de resistir el mal se ve en todo el Nuevo Testamento.

Santiago 4:7 dice: "Someteos a Dios" entonces "resistid, pues, al diablo y huirá de vosotros". En Efesios 6:10,11 Pablo anima a los creyentes a "fortaleceos en el Señor y en el poder de su fuerza. Revestíos con toda la armadura de Dios para que podáis estar firmes contra las insidias del diablo". Pablo escribió a los gálatas: "Andad por el Espíritu, y no cumpliréis el deseo de la carne" (5:16).

Este doble proceso fue claramente evidente en la vida de Jesús. Aunque concebido por el Espíritu Santo, recibió después por segunda vez la vida de Dios impartida cuando el Espíritu Santo vino sobre Él en el bautismo en el Jordán. Ahora "Jesús, lleno del Espíritu Santo, volvió del Jordán y fue llevado por el Espíritu en el desierto por cuarenta días, siendo tentado por el diablo". Subsecuentemente, con el poder dado por el Espíritu en una manera nueva, Él empezó su ministerio terrenal (Lucas 4:1,2,14,15).

Entonces, esta es la orden. Fue también la orden de Adán. ¿Qué había en el corazón de Dios cuando dio este mandamiento a Adán? ¿Estaba sencillamente dándole instrucciones arbitrarias y esperando derribar a Adán al primer desliz? Ciertamente no. Pensemos un poco en el corazón del Padre.

Panorama de amor

La Biblia, del Génesis al Apocalipsis, es una historia épica de amor: la historia de amor de Dios. Empieza con un Padre amante que desea compartir todo lo que Él es y todo lo que Él tiene con su hijo creado, Adán. Termina con un Novio cortejando a una Desposada, la Iglesia, en una relación de parentesco de amor y compartir la vida que durará por toda la eternidad.

> *Porque yo sé los planes que tengo para vosotros, declara el SEÑOR, planes de bienestar y no de calamidad, para daros un futuro y una esperanza.*
>
> Jeremías 29:11

Los pensamientos y los planes de Dios para la humanidad, empezando con Adán, siempre han sido para nuestro bienestar, para darnos paz, esperanza y una expectativa de lo bueno, como lo declara el profeta Jeremías.

En el comienzo de Adán vemos al Padre haciendo toda provisión para su hijo. Casi podemos sentir la urgencia del corazón de este Padre en sus palabras para Adán, cuando habla de la necesidad de "participar libremente" (comer) de todo árbol excepto del árbol del conocimiento del bien y del mal. En esencia, Dios dice: "come de mí para que puedas vivir; vive relacionado conmigo para que puedas conocer la paz y la satisfacción".

Dios sabía cuáles serían los resultados desastrosos para Adán y su progenie si éste rehusaba participar (comer). Quebranto. Dolor. Pérdida de paz. Nada de satisfacción auténtica. Muerte, aunque viviendo. Quizá la parábola que contó Jesús sobre el hijo pródigo, subraya más acentuadamente el corazón del Padre anhelante de la relación con su hijo y los resultados potenciales de la renuencia de Adán.

El joven del relato del hijo pródigo quería su herencia por adelantado, antes de haber aprendido cómo manejarla sabiamente. Él quería irse de la casa de su padre y buscarse una vida por sí mismo. En el mundo contemporáneo, tal alejamiento de la casa y el deseo de independencia no es considerado como algo inusual. En el contexto del tiempo y la cultura en que este joven vivió, sus acciones señalaban una grave ruptura de la tradición. Mostraba una negligencia desgarradora del parentesco con su padre y todo aquello que su padre había provisto para Él.

Habiéndole pedido a su padre la herencia, tomó el dinero y se fue a viajar por un país lejano. Él quería vivir a su manera controlándolo todo. Pronto había dilapidado su herencia y, cuando se quedó sin un céntimo, hubo una grave hambre en ese país. Él empezó a tener necesidades, a vivir los resultados de sus propias decisiones. Empezó a preguntarse de dónde vendría su próxima comida. Los cerdos que cuidaba comían mejor que él.

Finalmente, recobró su cordura y dijo: "¡Cuántos de los trabajadores de mi padre tienen pan de sobra, pero yo aquí perezco de hambre! Me levantaré e iré a mi padre" (Lucas 15:17,18). El costo de su independencia había sido inmenso. Se había marchado como rico y regresaría como pobre.

Pero la línea siguiente revela la naturaleza de Dios Padre. Cuando la leía, tocó una cuerda familiar profunda de mi propio corazón. "Y cuando todavía estaba lejos, su padre lo vio" (versículo 20). Como madre que ha experimentado también la partida de un hijo joven "a un país lejano", supe cómo se sentía este padre. También yo había sentido una profunda preocupación por el bienestar de mi niño. Yo tenía un amor que no podía ser acabado por las acciones dolorosas directas de un hijo rebelde, necio e inmaduro. Yo tenía el anhelo diario de sólo abrazarlo de nuevo. Imagino que no pasaba un día sin que el padre del hijo pródigo no esperara junto a la ventana, la puerta o la reja, vigilando. Él estaría mirando para ver si hoy iba a ser el día en que el hijo regresara. Hoy puede ser el día para vivir nuevamente relacionado a su hijo, para experimentar toda la providencia maravillosa que él se deleitaba en derramarle abundantemente sobre él.

El padre, al ver a su hijo aún a mucha distancia, corrió a encontrarlo y se echó sobre su cuello en un abrazo de bienvenida. Él abrazó y besó al hijo repetidamente diciendo: "este hijo mío estaba muerto y ha vuelto a la vida" (versículo 24). Aunque el padre le dio la bienvenida con mucha celebración, ciertamente había estado triste por las devastadoras decisiones de su hijo y lo hubiera salvado de ellas si hubiera podido.

La respuesta de Adán

Este era el corazón de Dios, el corazón del Padre de Adán. También Él quería salvar a su hijo de la desolación. Él quería derramar no sólo su amor sino también su vida y providencia en este su primer creado. Él quería establecerle ulteriormente en su calidad de hijo, no sólo un hijo creado con el soplido de Dios en su ser, un alma viviente, sino un espíritu viviente con la vida de Dios fluyendo dentro de él, dando poder, capacitando, enriqueciendo cada faceta de su vida.

Como creyentes en Cristo entendemos que llegamos a ser "coherederos" con Él (Romanos 8:17). Esto es lo que Dios se propuso desde el principio, que Adán y Eva se unieran con Él en la vida, reinaran con Él y ejercieran dominio sobre su creación. Adán fue lento y evidentemente negligente respecto de la providencia que haría todo posible: el árbol de la vida. Sin duda, la opción definitiva de Adán parece reflejar esta actitud como lo declara Romanos 5:19:

> *Porque así como por la desobediencia de un hombre (hacer oídos sordos, despreocupación y negligencia) los muchos fueron constituidos pecadores.*

A esto, el Diccionario Expositivo de Palabras del Nuevo Testamento, de Vine, afirma: "la actitud negligente precede a la desobediencia práctica".[7]

Jesús, 'el segundo hombre' (1 Corintios 15:47), que cumplió aquello en que el primer hombre fracasó, dijo de su propia vida y ministerio: "El Hijo no puede hacer nada por su cuenta, sino lo que ve hacer al Padre" (Juan 5:19). "El Padre que mora en mí es el que hace las obras" (14:10). "No busco mi voluntad sino la voluntad del que me envió" (5:30).

Jesús, el Hijo de Dios, que vino a la tierra a vivir como el hombre modelo, sabía que Él no debía vivir de sus propios recursos humanos. Él sabía que para hacer la voluntad del Padre, Él debía vivir por la vida del Padre y no la suya propia. Dios se propuso nada menos que eso para Adán, pero parece que aquel aún no había aprendido que "la carne para nada aprovecha" (6:63; aunque fuera perfecta como era la de Jesús).

Aunque cuidemos no interpretar como pecado la falta de acción por parte de Adán, debemos admitir que tampoco él andaba obedeciendo el mandamiento de Dios de participar (comer). Su falta de respuesta era una estorbo para el crecimiento y la madurez que Dios deseaba para él. Su intención le dejaría vulnerable a la voz del enemigo, débil para resistir los deseo de su propia carne, y llegaría el momento, en que le conduciría al pecado y la rebelión francos contra la voluntad conocida de Dios.

Es importante ver que "el yo" estaba vivo y activo antes de la Caída. Aunque no era un yo pecador aún debía ser negado. En la medida que Adán le dejó gobernar, él quedó impotente para hacer la voluntad de Dios y cumplir su propósito.

Watchman Nee nos describe la trampa del yo. Aunque habla después del hecho de la Caída, nos servirá para comprender el peligro en que estaba Adán, y cuán precaria era la dependencia de sí mismo que él tuvo:

> Nos gustaría ver cómo pecó primero el hombre y recibirlo como una advertencia para nosotros. Pues como fue el primer pecado así serán todos los pecados posteriores. El pecado que Adán cometió es el mismo que todos cometemos. Así, pues, conociendo el primer pecado, podremos entender todos los pecados del mundo. Pues conforme al criterio de la Biblia, el pecado no tiene sino un solo principio tras de sí.
>
> En todo pecado podemos ver al 'yo' actuando. Aunque la gente de hoy clasifica los pecados en una cantidad indecible de categorías, hablando inductivamente hay, no obstante, sino un solo pecado básico: todos los pensamientos y obras que son pecados se relacionan al 'yo'. En otras palabras, aunque el número de pecados del mundo es indudablemente astronómico, el principio subyacente de cada pecado es simplemente uno: lo que sea es para el yo. Todos los pecados son cometidos en aras del yo. Si faltase el elemento del yo, no habrá pecado... Imposible

es mencionar cada pecado, pero si los examináramos todos, descubriríamos que el principio dentro de cada uno siempre es el mismo: es algo que de alguna manera se relaciona al yo. Donde haya pecado, he ahí la actividad del yo.[8] El yo es el enemigo más grande de Dios[9].

Nee declara: "El yo es el enemigo más grande de Dios". Específicamente ¿qué es el yo? Asume muchas formas, algunas lucen más malas que otras. La pasividad para con Dios, la desidia o la lentitud para responder a Él, la falta de dependencia para con Él, el deseo de ir por nuestro propio camino y manejar nuestras vidas, de movernos en nuestra propia sabiduría y fuerza, hablar de nuestros pensamientos, todo constituye la vida del yo. La dedicación a nuestros propios planes puede, a veces, lucir 'muy buena' hasta 'espiritual'.

Oímos mucho sobre 'el enemigo de nuestras almas' refiriéndose eso en general a Satanás. La realidad es que Satanás solamente puede engancharnos por medio de nuestro centro del yo. Como tal, el yo es el enemigo más peligroso que tenemos. Sólo la dependencia de la vida de Dios en nosotros puede protegernos contra el yo y, de este modo, cerrarle asimismo la puerta a Satanás.

Solo no es bueno

Esta, entonces, era la posición de Adán. Se le mandó comer de la provisión de Dios pero él no lo hacía (en Génesis 3:22 se nos dice que Adán nunca comió del árbol de la vida), así que su condición era precaria. Entender todo esto nos da un indicio importante sobre lo que Dios estaba por hacer entonces, cuando luego de Su orden para Adán, en el siguiente versículo dice: "No es bueno que el hombre esté solo; le haré una ayuda idónea" (Génesis 2:18).

Hasta este punto, cuando Dios miraba su creación, la declaraba "muy bueno" pero, ahora, algo "no es bueno". Exactamente, ¿qué no era bueno y por qué?

El estar *solo* de Adán parece ser el pensamiento clave de lo que Dios expresa aquí. Para mí, la palabra "solo" habla de una soledad interior. Literalmente significa 'separación'[10]. La *Interlinear Literal Translation of the Hebrew Old Testament* de George Berry, traduce Génesis 2:18 de esta manera: "No bueno está siendo el hombre a su separación"[11].

Ahora la pregunta se vuelve, ¿separado de qué o de quién?[12] En este punto, los únicos otros seres presentes con él son los animales. Antes citamos a Watchman Nee explicando que Adán aún no se había unido a Dios en su 'vida divina'. Es evidente que esta declaración de Dios no era una mera observación de la 'soledad' de Adán, como algunos han supuesto. Más bien, mucho más seriamente, se dirigía a la relación de Adán con el mismo Dios.

Cuando Dios dijo que la condición de Adán no era buena, realmente quiso decir que ¡NO ERA BUENO! Había un problema en el paraíso y, Dios en su sabiduría infinita, iba a resolverlo. Dios daría ayuda. ¿Qué o quién sería esta ayuda? ¿Qué clase de ayuda podría afectar la inclinación al aislamiento e independencia del hombre? Ciertamente que se necesitaría un diseño único.

Algo para pensar

- ¿Cuáles eran los árboles principales del huerto y cuál era el significado de cada uno?
- Tocante a los árboles, ¿qué se le mandó a Adán que hiciera primero? ¿Por qué era tan importante la primera parte del mandamiento?
- ¿Qué le quedaría a Adán sin el árbol de la vida como fuente de la vida de Adán?

4

Ella será llamada mujer

> Y de la costilla que el SEÑOR Dios
> había tomado del hombre, formó
> una mujer y la trajo al hombre.
>
> *Génesis 2:22*

U n proverbio chino dice: "Las mujeres sostienen la mitad del cielo".

Eclesiastés 4:9 establece: "Más valen dos que uno solo".

Proverbios 18:22 nos dice: "El que halla esposa halla algo bueno".

¿Qué era lo que Dios pretendía hacer de dos que Él no estuviera realizando con uno? ¿Qué es "lo bueno" en que el hombre halle esposa?

En el paraíso declaró el Padre que la soledad de Adán no es buena. Él observó una necesidad y su respuesta es hacer una ayuda "idónea" para él. Así, leemos en Génesis 2:21,22:

> *Entonces el SEÑOR Dios hizo caer un sueño profundo sobre el hombre, y éste se durmió; y Dios tomó una de sus costillas, y cerró la carne en ese lugar. Y de la costilla que el SEÑOR Dios había tomado del hombre, formó una mujer y la trajo al hombre.*

Ahí se nos dice que Dios tomó una de las costillas de Adán para hacer a la mujer. Sin embargo, es interesante notar que esta referencia en Génesis es la única vez que la palabra hebrea *sela* se traduce como 'costilla'. Esta palabra en particular es usada muchas veces en la Escritura como "lado" o "cámara lateral" y, generalmente es un término de arquitectura, refiriéndose al lado de un objeto. En 1 Reyes 6:34, esta palabra se refiere a "las dos hojas de una puerta".

Entonces, se puede concebir que, conforme al *Theological Wordbook of the Old Testament*, esto significa que cuando Dios creó a la mujer tomando una costilla: "Él tomó una buena parte del costado de Adán".[1]

Este acontecimiento era una sombra de otra desposada que iba a venir. La Iglesia, la desposada de Cristo, fue sacada del costado de Jesús. Cuando los soldados romanos atravesaron el costado de Jesús con una lanza, cuando Él colgaba de la cruz, salieron agua y sangre (ver Juan 19:34). Esto significó dos grandes beneficios de los cuales participan todos los creyentes por medio de Cristo: la sangre para la expiación, y el agua para la purificación. Ambas fluyeron del costado de nuestro Redentor, mientras Él entregaba su vida para comprarnos como su desposada. Salimos de su costado, Él nos dio vida. Somos su cuerpo, una extensión de su vida en la tierra. Como tales, somos Su propio Sí mismo. El apóstol Pablo habla de esto cuando manifiesta: "porque somos miembros de su cuerpo, [de su carne y de sus huesos] (Efesios 5:30).

Su otro sí mismo

Aun así, la mujer fue sacada del costado del hombre. Ella era su propio cuerpo, una extensión de él mismo. Ella era, efectivamente, su otro sí mismo. Algo del propio ser de Adán le fue sacado y devuelto en un paquete muy diferente.

La mujer no fue formada de elementos nuevos, ella no fue tomada del polvo, por eso separada o independiente del hombre en ese sentido. Ella fue parte de él, su novia, su otro yo, sacada de él y presentada de nueva a él por Dios mismo. Las primeras palabras de exclamación de Adán expresaban su entendimiento de este hecho como asimismo su deleite:

> *Esta es ahora hueso de mis huesos, y carne de mi carne; ella será llamada mujer [ishshah], porque del hombre [ish] fue tomada.*

Génesis 2:23

Obviamente Adán reconoció algo de él en ella. Ella era hueso de sus huesos y carne de su carne. Él le dio la bienvenida y la recibió, reclamándola como parte de sí mismo. Este versículo es la explicación del proceso de la creación ya relatados en Génesis 1:27. Fíjate en el proceso de dos pasos:

> *Creó, pues, Dios al hombre a imagen suya, a imagen de Dios lo creó; varón y hembra los creó.*

Primero, Adán fue creado: "Creó, pues Dios al hombre a imagen suya, a imagen de Dios lo creó". Segundo, cuando la mujer fue diferenciada de él, varón y hembra *los* creó" (cursiva agregada). Cuando Dios creó a Adán, él fue creado completamente a la imagen de Dios. Cuando la mujer fue sacada de él, la imagen de Dios no fue agregada ni sustraída. Fue dividida. El hombre no era más en su forma original. Ahora la imagen de Dios era varón y hembra, aunque ellos eran uno: "Varón y hembra los creó, y los bendijo, y los llamó Adán el día en que fueron creados" (5:2).

Debido al pecado (que puede resumirse sencillamente como egocentrismo) aún no había hecho su entrada concluyente, no hubo miedo ni duda dentro de ellos. Nadie se sintió amenazado. No había asuntos de 'control', nada de cálculo, nada de 'jugar juegos'. Ellos eran francos, estaban desnudos y transparentes uno delante del otro. Había una conciencia de que Dios los había hecho el uno para el otro, que Él había moldeado específicamente esta unión y que habría interdependencia entre ellos. Aunque eran dos seres separados con cualidades muy diferentes, su destino iba a ser juntos.

Neil Anderson y Charles Mylander, en *El matrimonio Cristocéntrico) lo expresan de esta manera:*

> El hombre se honra al reconocer que la mujer fue creada para él. La mujer se honra al reconocer que el hombre está incompleto sin ella. La mujer reconoce con humildad que ella fue hecha para el hombre. El hombre reconoce con humildad que él está incompleto sin la mujer. Ambos comparten dignidad, honor y valor iguales debido al propósito con el cual fueron creados.[2]

Dejar y unirse

Ahora que la mujer había sido sacada del hombre, Dios le instruye más a él:

> *Por tanto el hombre dejará a su padre y a su madre y se unirá a su mujer, y serán una sola carne.*

Génesis 2:24

Esta instrucción de Dios está registrada cuatro veces en la Escritura. Primero fue expresada aquí, en Génesis 2, repetida por Jesús según lo registrado en Mateo 19 y Marcos 10, y vuelta a repetir por Pablo en Efesios 5. Cuando en la Biblia se menciona una vez una palabra, tenemos que tomar nota especial. Cuando se menciona cuatro veces, ¡se vuelve una luz roja de alerta! Dios quiere que nosotros prestemos mucha atención.

Esta unión fue el punto de comienzo de la familia de Dios, el surgimiento del fundamento de la casa del Señor y lo que, en su momento, llegaría a ser la Iglesia. Ante nuestro ojos se despliega un microcosmos de la estructura que Dios eligió usar en la tierra para mostrar su gloria y hacer conocida su presencia. El fundamento era varón y hembra. Los dos estaban incompletos sin el otro: los dos juntos expresarían la imagen de Dios. De esta unión inaugural se desplegarían y manifestarían sus propósitos gloriosos. Sin duda, esto es un misterio, tal como dijo Pablo:

> *Maridos, amad a vuestras mujeres, así como Cristo amó a la iglesia y se dio a sí mismo por ella, para santificarla, habiéndola purificado por el lavamiento del agua con la palabra, a fin de presentársela a sí mismo, una iglesia en toda su gloria, sin que tenga mancha ni arruga ni cosa semejante, sino que fuera santa e inmaculada. Así también deben amar los maridos a sus mujeres, como a sus propios cuerpos. El que ama a su mujer, a sí mismo se ama. Porque nadie aborreció jamás su propio cuerpo, sino que lo sustenta y lo cuida, así como también Cristo a la iglesia; porque somos miembros de su cuerpo. POR ESTO EL HOMBRE DEJARÁ A SU PADRE Y A SU MADRE, Y SE UNIRÁ A SU MUJER, Y LOS DOS SERÁN UNA SOLA CARNE. Grande es este misterio, pero hablo con referencia a Cristo y a la iglesia.*

> Efesios 5:25-32, énfasis añadido

La unión de hombre y mujer iba a ser inseparable; no era para ser dividida. Ellos iban a conocer verdaderamente la intimidad en el más pleno sentido de la palabra, mucho más allá de lo que a menudo pensamos de la "relación de una sola carne", la unión sexual. La intimidad sexual fue dada para ser el sello, la celebración de una intimidad mucho más grande (y mucho más difícil de lograr), la cual estaba pensada que siguiera: aquella del corazón, alma y espíritu. Esta clase de relación reflejaría no sólo la unión de uno con el otro sino también con Dios. Es un misterio pero Dios designó que algo del amor de Cristo: Su consagración y fidelidad para con nosotros, su esposa, y nuestra unión con Él, fuera desplegado en la unión matrimonial. Esto demostraría al mundo su afecto y providencia para los suyos y el elevado lugar de honor que Él ha preparado para nosotros.

Al unirse Cristo a la Iglesia, nutriéndola y atesorándola, en la misma manera el hombre debe unirse a su esposa. Sin embargo, como veremos, hay un propósito ulterior en la unión del hombre.

La palabra hebrea para unirse es *dabaq* que significa "aferrarse, adherirse, seguir muy de cerca o unirse a".[3] A menudo en el Antiguo Testamento se usan cosas físicas que se pegan unas a otras, tal como la lengua se pega al paladar de una boca seca. También conlleva el sentido de aferrarse a alguien por afecto y lealtad. Se les dijo a los israelitas que se aferraran al Señor su Dios con afecto y lealtad si querían recibir su bendición (ver Deuteronomio 11:22).

El diccionario define el significado de "aferrarse" como "adherirse a, ser fiel". Esto me habla de la palabra "compromiso" que, a menudo, causa mucho miedo a muchos contemporáneos, considerando todas sus connotaciones de fidelidad, constancia, confiabilidad y responsabilidad de rendir cuentas. Todas estas palabras son aplicables a la instrucción de Dios para Adán.

La mujer tiene que llegar a ser la relación principal de la vida de su hombre, debido al significado y propósito de esta unión. Él tiene que unirse a ella, no sólo por amor a ella, alentarla y atesorarla, pero por amor a sí mismo también. Él no es el mismo que fue; una parte de sí mismo ha sido sacada. En su unión él recibe de vuelta, para él, eso que le fue sacado.

Esta verdad está atrevidamente expresada en los *Word Studies in the New Testament* (Estudios de Palabras del Nuevo Testamento) de Marvin Vincent, con referencia a la parte de Efesios 5 previamente citada. Al describir Pablo la forma en que los maridos tienen que amar a sus esposas, el autor de ese libro traduce así: "Así, pues, los maridos deben amar a sus esposas *puesto que ellas son sus propios cuerpos*. El que ama a su esposa se ama a sí mismo.... Sin embargo, que cada uno de ustedes, en particular, ame tanto a su esposa *como que es su propio ser* (versículos 28,33, cursiva agregada)[4].

Estos versículos se refieren claramente al primer hombre y a sacar la mujer de él. El marido tiene que unirse a su esposa, admitiendo que lo que, en Adán, le fue sacado hace tanto tiempo, en el matrimonio se le devuelve para ayudarle.[5]

Ayuda en tiempos difíciles

¿Cuál sería el significado de esta ayuda? ¿Magnificamos mucho el hecho que la mujer fuera dada para ayudar al hombre? Pienso que nuestras preguntas son contestadas con el significado de la misma palabra 'ayuda'.

"Ayuda" o *ezer* en hebreo, significa "rodear, proteger, socorrer".[6] La definición de socorro que da el diccionario es "respaldar, sostener por debajo, dar asistencia en tiempos difíciles". "Ayuda" o *ezer* es una palabra extremadamente fuerte, usada 21 veces en la Escritura. Dieciséis veces se refiere a la ayuda divina (Dios mismo), cinco veces a la ayuda humana, pero siempre en el contexto del socorro en tiempos difíciles, ayuda contra los enemigos de uno. La misma palabra nos habla de gravedad de la situación de Adán y de la importancia crítica de la resolución que Dios traería.

El *Theological Wordbook of the Old Testament* dice: Aunque esta palabra designa 'asistencia' se emplea con más frecuencia para designar al 'asistente' (como con Eva). En cuanto a la fuente de ayuda, esta palabra generalmente se usaba para designar "el socorro o ayuda divinos.[7] El Salmo 121 refleja esta definición: "Levantaré mis ojos a los montes; ¿de dónde vendrá mi socorro? Mi socorro viene del SEÑOR que hizo los cielos y la tierra (versículos 1,2).

Eva era a la vez ayuda humana y divina porque ella vino de la mano de Dios.

Cara a cara

Hemos determinado que la ayuda que Dios estaba dando al hombre era para protegerlo contra su soledad. Algunos han supuesto que, entonces, la mujer fue creada meramente para que la procreación fuera posible, resolviendo así la condición solitaria de Adán. Sin embargo, nada en el concepto de la palabra hebrea de 'ayuda' se refiere, ni remotamente, al acto de la reproducción. Otros llegan al extremo de admitir que ella era para ayudarle a él en la tarea de ejercer dominio sobre la tierra.

Aunque ambas suposiciones contienen algo de verdad, son periféricos y no empiezan ni a tocar el propósito primario para el cual fue hecha la mujer. Dios estaba dando al hombre ayuda para sí mismo, para su propia persona, cosa que Dios esclarece cuando dice: "Le haré una ayuda idónea" (Génesis 2:18).

"Bueno, entonces", han dicho algunos, "la mujer fue creada para uso del hombre, para su placer, para su consuelo". Esa parece ser la interpretación corriente a través de los siglos. Sin embargo, Dios siempre quiere sacarnos del punto de vista centrado en el hombre o egocéntrico para que miremos desde su perspectiva cómo todas las cosas se relacionan apropiadamente con Él y sus propósitos para ellas. La mujer fue creada en aras del hombre para ayudarle *"como al Señor"* (Efesios 5:22).

Para entender exactamente la clase de ayuda que ella sería y, específicamente, cómo fue diseñada para asistir en la solución del problema, tenemos que volver a mirar los significados de las palabras. Dios no nos abandonó para que nos pusiéramos a jugar a las adivinanzas en lo que se refiere a su propósito para nosotros pues lo estipula claramente en las palabras que Él usa.

A menudo citamos mal Génesis 2:18 refiriéndonos a la mujer como una "ayuda idónea" y, a veces, como una "ayuda para aparearse"[1] Sin embargo, la palabra que se traduce como 'idónea' es realmente una preposición del hebreo, la cual debemos estudiar con más cuidado.

La palabra 'por/para' en hebreo es *neged* que viene de la raíz *nagad*. El doctor Karl Coke, un erudito hebreo, escribió en una carta personal que *nagad* pertenece a un grupo de palabras afines que transmiten el sentido de 'al frente', 'a la cara' o concretamente, 'cara a cara'. Significa 'pararse atrevidamente al frente'. Declara el doctor Coke que esta palabra significa literalmente que la mujer es para estar con su marido "dedo gordo del pie contra dedo gordo del pie, rodilla contra rodilla, cintura contra cintura, pecho contra pecho, nariz contra nariz, y globo del ojo contra globo del ojo".

En la forma verbal causativa de *nagad* (esto quiere decir que alguien o algo causa la acción denotada por el verbo, en este caso es Dios) la palabra 'para/por' significa 'manifestarse' (hacer claro o evidente, revelar o exponer).[8] Esta palabra se traduce en la Escritura 63 veces como 'declarar' y 222 veces como 'decir', connotando evidentemente comunicación verbal. Interesante resulta notar que el nombre dado definitivamente a la mujer, "Eva" es tomado de una palabra hebrea que también denota comunicación verbal. El nombre de ella, *Javváh* significa 'dadora de vida', pero la forma

---

1.   La autora hace un juego de palabras imposible de traducir. "Ayuda idónea" se dice en inglés 'helpmeet' que suena parecido a 'helpmate' en que 'mate' significa aparearse y figuradamente casarse.

verbal es *javah* que se traduce como 'declarar' o 'dejar que se vea, manifestar, develar, exhibir, revelar' verbalmente.[9]

Descubrimientos "nuevos"

Los científicos contemporáneos apenas están descubriendo lo que Dios nos dice sobre las mujeres antes que Él hiciera la primera: En general, las mujeres son diferentes de los hombres en su habilidad para comunicarse, muy especialmente en lo que se relaciona con su persona interior.

El doctor Donald Joy, profesor de biología humana del Seminario Teológico Asbury, situado en Wilmore, Kentucky, manifiesta que esta diferencia se aprecia claramente en la construcción del cerebro del varón y el de la hembra. En su libro *Bonding, Relationships in the Image of God* él explica que en la semana dieciséis del desarrollo del bebé, el cerebro masculino es saturado con andrógeno (la hormona masculina). Este baño hormonal altera permanentemente el hemisferio izquierdo del cerebro donde se localiza generalmente la producción del habla, como asimismo al cuerpo calloso, estructura que transmite los mensajes entre el hemisferio derecho y el izquierdo, dando a los niños varones 'un ligero retroceso'. El doctor Joy expresa, "Esta modificación parece responder por la cantidad más bien grande de niños, comparados con la de niñas, que serán candidatos para ser atendidos por patólogos del habla cuando lleguen a la escuela. En algunas comunidades estos niños sobrepasan a las niñas en tanto como nueve a uno".[10]

Aunque el habla está localizada en el hemisferio izquierdo, las emociones, explica Joy, están albergadas en el hemisferio derecho donde se accede a ellas. La alteración del cuerpo calloso masculino reduce la habilidad del cerebro para moverse rápida y fácilmente entre ambos lados, siendo uno de los resultados de esto que a los hombres les cuesta más que a las mujeres expresar sus sentimientos con palabras. "Los hombres no pueden comunicarse a través de los hemisferios [de sus cerebros] como las mujeres".

El doctor Joy establece ulteriormente: "Los hallazgos de esta diferenciación del cerebro son tan nuevos que podemos considerar que estamos en el umbral de una serie completamente nueva de conceptos tocante a las diferencias de lo masculino y femenino. Pero los primeros informes parecen subrayar nuestros conceptos que aquí apuntan a la absoluta interdependencia de hombre y mujer y su calidad de complementarios".[11]

Justamente ahora podemos oír a Dios que dice: "Si tan sólo hubieran leído las instrucciones. Él siempre ha sido claro sobre sus intenciones para nosotros. Somos nosotros los que no hemos mirado con suficiente atención. La ciencia, el mejor esfuerzo del hombre, está ahora actualizándose y confirmando la verdad de Dios. Al comienzo del tiempo, Dios habló con referencia a la creación de la mujer que desplegarían el propósito de ella, palabras que nos dirían cómo ella sería hecha, cómo funcionaría y qué sería importante para ella.

Notemos que Dios dio una mujer para que fuera la ayuda inicial del hombre. No dio una madre que estuviera por encima de él cuidándolo como bebé. No dio una niña que estuviera por debajo de él siendo dominada por él. Ni siquiera dio otro hombre que fuera tan parecido a él que nunca se sintiera desafiado más allá de su propia naturaleza e instintos. Ella sería una esposa: alguien que sería como él aunque diferente. Alguien en calidad de un par igual; su otro sí mismo sacado de su lado, que se pondría "directamente al frente de él" y lo provocaría en una forma en que nadie más podría. Alguien con quien sería posible ligarse más profundamente que con cualquier otra persona.

Ella fue diseñada única y específicamente para plantarse delante de él en una relación íntima cara a cara. Ella fue hecha para hablarle a él, consolarlo, exhortarlo, confrontarlo y desafiarlo con amor usando palabras dadoras de vida. Dios pretendía que ella rodeara y protegiera algo de su creación que era muy precioso a sus ojos: el corazón del hombre, sus pensamientos, sus sentimientos, su sí mismo interior[12].

La madre del rey Lemuel entendió el propósito de la mujer y aconsejó a su hijo:

> *Mujer hacendosa, ¿quién la hallará? Su valor supera en mucho al de las joyas. En ella confía el corazón de su marido, y no carecerá de ganancias. Ella le trae bien y no mal todos los días de su vida.*

Proverbios 31:10-12

Estos versículos nos dicen que "no carecerá de ganancias" el hombre que es tan afortunado como para tener una esposa que conozca el propósito de ella, una mujer virtuosa que vive conforme al designio de Dios para ella. O como lo dicen otras versiones de la Biblia, a él "no le faltará nada de valor" (traducción libre del pasaje correspondiente en la versión NIV en inglés). ¡Qué asombrosa promesa! Este solo versículo debiera impulsamos a ir a la Palabra de Dios para averiguar qué pretende Él cumplir en la relación matrimonial.[13]

Discutiremos esto con más detalle en el capítulo 7: "El hombre escondido en el corazón".

"Ella le trae bien y no mal todos los días de su vida". Dios tenía grandes planes para la mujer que Él produjo. Él estaba trayendo la solución a eso que "no es bueno".

Pero, al mirar de nuevo en Génesis y descubrir el peligro en que se hallaba el hombre desde el comienzo del tiempo, tenemos que confesar que las cosas no han mejorado. La mujer hubiera debido ayudarle, pero no lo hizo. ¡No sólo no le ayudó sino que también exacerbó el problema! ¿Qué salió mal? ¿Por qué falló el plan, al menos por un tiempo? Eso será el tema del próximo capítulo.

Algo para pensar

- Explica el significado más amplio de la palabra "costilla".
- Cuando Adán reconoció a Eva como "hueso de sus huesos" y "carne de su carne ¿qué estaba diciendo él sobre quién era ella?
- ¿Qué nos dicen las palabras 'ayuda' y 'para/por' sobre la manera en que fue hecha la mujer para funcionar con su esposo?

5

El ataque

> *Y la serpiente era más astuta que
> cualquiera de los animales del campo
> que el SEÑOR Dios había hecho.*
>
> Génesis 3:1

Esta nación nunca olvidará aquel día de 1986 en que miramos, primero con entusiasta expectación y, luego con horror cuando, 74 segundos después de despegar el transbordador Challenger estalló repentinamente en llamas y humo. Transportando vidas preciosas explotó con una fuerza de tal intensidad que la lluvia de escombros sobre el océano duró una hora.

De pie en la multitud de aquellos espectadores de Cabo Cañaveral había padres, maridos, esposas e hijos de los que iban a bordo. La estupefacta incredulidad y pena que expresaban sus rostros mostrada los corazones de los estadounidenses de todas partes. ¿Qué había salido mal? ¿Cómo podía algo tan poderoso, tan cuidadosamente diseñado, salir tan horriblemente mal?

Miles de años antes del desastre del Challenger, pareció que el plan de Dios salía mal, justo después de haber empezado. Sabemos que Dios no fue tomado con la guardia baja por el terrible giro de los hechos ocurridos en el huerto. Sin embargo, a través de los siglos ha habido generaciones de sus seguidores que han vuelto a mirar los primeros tres capítulos de Génesis, con el desastre resultante de las vidas, y se han preguntado *¿por qué?*

Recuerda la providencia de Dios para Adán y Eva. Él los había colocado en el ambiente perfecto, les había dado un mandato de propósito y provisto de todo lo que necesitarían para cumplirlo. ¿Cómo pudo salirse tan de rumbo un plan tan bellamente armado?

> *Y la serpiente era más astuta que cualquiera de los animales del campo que el SEÑOR Dios había hecho. Y dijo a la mujer: ¿Conque Dios os ha dicho: "No comeréis de ningún árbol del huerto?"*

Génesis 3:1

Satanás, que había dirigido una rebelión contra Dios en los lugares celestes y, así, fue depuesto de su elevada posición (ver Ezequiel 28:16), ahora continúa su rebelión en la tierra. Él hace su aparición en forma de serpiente y presenta a Eva la mera sugestión de que, tal vez, Dios esté reteniendo algo de ella.

Eva responde inmediatamente:

> *Del fruto de los árboles del huerto podemos comer; pero del fruto del árbol que está en medio del huerto, ha dicho Dios: "No comeréis de él, ni lo tocaréis, para que no muráis".*

(Versículos 2,3)

Continuando su astuto diálogo, Satanás declara:

Ciertamente no moriréis. Pues Dios sabe que el día que de él comáis, serán abiertos vuestros ojos y seréis como Dios, conociendo el bien y el mal.

(Versículos 4,5)

Eva empieza a considerar su sugerencia, fijándose más en el árbol. *Quizá Dios está reteniendo algo; quizá Él no es realmente confiable. Quizá haya un camino mejor, un camino más rápido, algo que entre mejor en mis planes. Sólo mira el árbol, se ve bueno para comer, es agradable a los ojos y un árbol deseable para hacerla sabia a una.* Así, pues, actuando en su propia sabiduría, fuera de la palabra y voluntad expresadas de Dios "tomó de su fruto y comió; y dio también a su marido que estaba con ella, y él comió (versículo 6).

¡Fue un golpe maestro, directo al centro del blanco! Satanás había logrado su propósito. Los había separado finalmente de la única fuente de vida que era más fuerte que él. Él los volvió a su propia sabiduría, a su propio camino, el camino de la carne, en la cual "no habita nada bueno" (Romanos 7:18). Él los había vuelto a *sí mismos como centros de sus vidas*.

Adán y Eva necesitaban el árbol de la vida para cumplir su destino. Sin embargo, ambos escogieron su propio camino. Ahora serían impotentes para manejar a Satanás o para cumplir el mandato que Dios les había dado para sus propias vidas.

"Tienen que servir a alguien"

Este acto de dar la espalda al reino de Dios volviéndose a lo que ellos recibieron como lo suyo propio, fue lo que estableció el sistema del mundo sobre el cual, Satanás como dios de este siglo, gobernaría realmente, habiendo sido esa su meta desde hacía mucho tiempo (ver 1 Corintios 4:4; 1 Juan 5:19). En este punto, como el transbordador Challenger, empezó a desintegrarse la vida como Dios se la había propuesto, hundiendo en definitiva a toda la creación en el tenebroso mar del egocentrismo de la humanidad (ver Romanos 8:20,21).

Ahora el temor, la separación, la desconfianza, la culpa y miles de otras emociones y actitudes eran parte del mundo de Adán y Eva. Ellos se escurrieron para taparse, para ocultarse de la presencia de Dios. ¿Puedes imaginarte la incredulidad y el horror que ahora registraban los corazones y mentes de este par al ser abiertos sus ojos para conocer el bien y el mal? Habiendo participado de ello, comido de ello, habiendo optado por ello como fuente de la vida de ellos, ahora tenían un íntimo conocimiento de ello muy profundamente dentro de su ser. La vida nunca sería la misma.

Es importante fijarse en que Dios nunca pretendió que no supieran la *diferencia* que hay entre el bien y el mal. Isaías 7:15 nos dice que cuando vino Jesús, el Hombre modelo, él sabría cómo 'rechazar el mal y elegir el bien' a temprana edad. Dios quería que Adán y Eva, como Jesús, eligieran su Espíritu (el árbol de la vida) como fuente de la vida y sabiduría de ellos antes que su propia experiencia del bien y mal.

Ahora, viviendo centrados en sí mismos, lo que ellos juzgaran como bueno o malo, sería determinado por el efecto inmediato que tuviera en ellos. Lo que se sintiera bueno o cómodo o que asegurara dominio, sería bueno. El dolor, la incomodidad, el desafío, todo lo que los afecte, sería considerado malo. Toda la vida sería, ahora, ordenada desde esta perspectiva.

Aunque Bob Dylan no es un profeta, el título de su canción 'Tienes que servir a alguien' es una verdad divina. Eligiendo su propio camino, Adán y Eva realmente quedaron bajo el dominio de Satanás. Ellos cambiaron de reyes y reinos. El reino de las tinieblas era ahora su morada, y cada descendiente de ellos nacería ahí (ver Romanos 5:12).

El designio se desintegra

Sería bueno que nosotras miráramos un poco los resultados del golpe de Satanás. Porque ya hemos descubierto cómo se suponía que fuera la vida para el hombre y la mujer, no debiera sorprendernos que, en este momento, diera un vuelco de 180 grados. El fruto de su acción fue instantáneo: relación rota. Satanás había atacado directo el corazón, el corazón mismo del plan de Dios. Vemos los resultados devastadores desplegados por todo el mundo, a través de los siglos, especialmente en lo que se relaciona con las mujeres.

La mujer, hemos aprendido, era el otro sí mismo del hombre, a quien él tenía que nutrir, atesorar y a la cual él tenía que unirse. Ella fue dada de la mano de Dios para ayudarle, para ser su frente, cara a cara con él, igual a él, para decirle palabras dadoras de vida.

Dada esta información, ofende nuestra sensibilidad, entonces, ver a las mujeres denigradas desde los primeros tiempos. En lugar de ser considerada como ayuda para el hombre, ella ha sido vista, en el mejor de los casos, más bien como una usurpación de su libertad, aunque deba ser tolerada y hasta bondadosamente consentida tocante a sus pequeñas peculiaridades (como tener que hablar) porque "así es como son las mujeres".

En el peor caso de las circunstancias, la mujer ha sido considerada como sierva de la carne del hombre, usada y abusada para satisfacer sus apetitos carnales. Aun hoy, las mujeres de la India se queman para que mueran en las "quemazones de la novia" debido a que su dote es inadecuada. En otros países, las niñas jóvenes se venden como un buen mueble a los hombres ricos, sólo para ser botada como basura cuando los maridos se cansan de ellas.

La mutilación sexual, la 'circuncisión' de los genitales de la mujer, que consiste en algunos casos en cortar grandes trozos de sus genitales para que el coito les sea muy doloroso, sigue siendo una costumbre corriente en algunas culturas. El propósito es garantizar que ellas permanezcan vírgenes hasta que se casen. No tiene importancia alguna que la relación sexual sea muy dolorosa para ellas por el resto de sus vidas.

En los Estados Unidos es fácil olvidar cómo se trata a las mujeres en algunos países del mundo. Haremos bien en recordarnos que las mujeres, a la fecha, no han sido recibidas ni devueltas a la posición para la cual Dios las creó. Parece increíble que en los Estados Unidos, colonizado por cristianos, las mujeres no fueran consideradas suficientemente inteligentes para tener igual derecho al voto sino hasta 1920. Una célebre enciclopedia familiar nos dice: "En los Estados Unidos coloniales y de comienzos del siglo diecinueve, como en todas partes del mundo, las mujeres eran corrientemente consideradas como seres inferiores. Sus hijos, patrimonio y ganancias pertenecían, por ley, solamente a sus maridos…. En la mayoría de los aspectos las mujeres estadounidenses estaban legalmente a la par con los delincuentes, las personas insanas y los esclavos de las plantaciones".[1]

Para que no pienses que la Iglesia no participaba de tales actitudes, fíjate en el comentario de un teólogo sumamente respetado que es muy citado hasta la fecha. Dice respecto a las mujeres:

> [La mujer] fue hecha para estar sometida [al hombre] porque ella fue hecha para él, para su uso, ayuda y comodidad. Y ella que fue concebida para estar siempre sujeta al hombre, nada debe hacer en las asambleas cristianas, nada que parezca simulación (pretensión) de igualdad…. [Ella tiene que estar] bajo el poder de su marido, sometida a él, e inferior al otro sexo.[2]

Reconocemos que en épocas relativamente recientes se han dado grandes pasos para dar a la mujer dignidad y honor en la Iglesia pero aún no entendemos plenamente su propósito único conforme lo designó Dios. El Cuerpo de Cristo aún sufre pérdida por eso y Satanás aún sigue robando a la Iglesia algo crítico para su bienestar.

El objetivo de Satanás

Cuando Satanás se movió para destronar al hombre y a la mujer, golpeó directamente en el centro de la identidad de ellos: su masculinidad y su femineidad. Vale la pena notar que antes que Adán y Eva se escondieran de Dios en el huerto, se cubrieron uno del otro; se taparon sus partes que los identificaban como varón y hembra. Ellos se volvieron impelidos por su egocentrismo. Quiénes eran y cómo estaban hechos para funcionar es algo que ahora se confundió, torció, se volvió engañoso, oculto e interesado.

Hemos visto a hombres que, en lugar de servir a sus esposas y recibirlas en el lugar concebido de sus vidas, procuran usarlas, hacerlas objeto o mandarlas. Por eso las mantienen alejadas, de modo que la seguridad de su propio aislamiento interior nunca sea desafiada ni amenazada. No cuesta entender cómo estas actitudes de desigualdad e insolencia han anulado la efectividad del papel de las mujeres en la vida de los hombres concebido y dado por Dios, y reconocer cuál ha sido el objetivo de Satanás en todo esto.

No fue por casualidad que el enemigo se acercó primero a la mujer en el huerto. Él estuvo presente cuando Dios habló de su intención para el hombre y la mujer. Él sabía que ella había sido llamada para ser una ayuda del hombre. La meta de Satanás siempre ha sido enaltecerse por encima de Dios, perturbar el plan de Dios en toda forma posible. Obvio parece entonces que al aproximarse primero a la mujer, su intención fuera atacar a la ayuda que Dios había enviado. Por ello esperaba Satanás sabotear o debilitar el plan total de Dios. En definitiva, Satanás se proponía silenciar a la mujer, volverla inútil e impotente en la vida del hombre. Esto le robaría al hombre la ayuda que Dios había diseñado para él con tanto cuidado desde el comienzo del tiempo.

El deseo de la mujer

¿Cómo fue afectada la mujer por la Caída? ¿Su opción de vivir conforme a su propio conocimiento del bien y del mal la afectó tanto como al hombre? Dios nos responde de inmediato luego de la acción de ella:

> *A la mujer dijo: En gran manera multiplicaré tu dolor en el parto, con dolor darás a luz los hijos, y con todo, tu deseo será para tu marido, y él tendrá dominio sobre ti.*

> Génesis 3:16

Este es un versículo clave para todas las mujeres. Yo creo que Dios nos revela aquí la raíz de toda la conducta mala de las mujeres para con los hombres, y que el corazón de la mujer es lo más vulnerable al engaño. Hoy tenemos una nueva palabra para hablar de eso; lo llamamos 'codependencia'. Dios la identificó al comienzo del tiempo, llamándolo "el deseo" de la mujer.

La Escritura nos dice que "la mujer, siendo engañada completamente, cayó en transgresión (1 Timoteo 2:14). Esto es, ella no blandió con maldad y alevosía su puño en la cara de Dios y se rebeló contra Él en ese sentido. Ella dijo a Dios: "la serpiente me engañó, y yo comí" (Génesis 3:13).

Eso no era 'sacar las castañas del horno con la mano del gato' (proyectar la responsabilidad del acto a otra persona) como sugieren algunos. Sencillamente era la verdad. Ella le había creído a Satanás cuando él dijo que el árbol era bueno y que ella haría algo bueno. 1 Timoteo 2:14 nos confirma el hecho que ella fue engañada. Ese mismo pasaje nos dice que Adán no fue engañado. Él sabía lo que hacía y, de todos modos, lo hizo. El suyo fue un acto de traición. Por tanto, la responsabilidad de que el pecado entrara a toda la humanidad recayó sobre él (ver Romanos 5:12).

Sin embargo, Eva tenía su propia piedra de tropiezo, su propio talón de Aquiles, que Dios nos identifica en Génesis. Las semillas de la inclinación de Adán hacia el aislamiento y la independencia estaban allí desde antes de la Caída pero no habían sido plenamente puestas en acción (como se dice en Santiago 1:14,15, el pecado siempre es una progresión, nunca es un acto súbito). Así, pues, yo creo que las semillas del deseo de la mujer también estaban ahí y pueden haber sido la actitud que la llevó a decidir por sí misma. Como tal, este versículo contiene una verdad fundamental para volcar el centro de la mujer.

Fíjate que la palabra "será" de Génesis 3:16, aparece en algunas versiones de la Biblia con letra cursiva lo cual nos indica que puede no haber estado en el texto original sino que habría sido añadida por los traductores en aras de la mejor continuidad o flujo de la frase. En este caso, la palabra agregada suena como si Dios le diera un mandamiento a Eva. Yo, en cambio, creo que Dios expresa una observación sobre la conducta de ella (ahora ella está en su estado caído) y le advierte de eso. El versículo diría literalmente: "tu deseo será para tu marido y él tendrá dominio sobre ti".[3]

Algunos han dicho que este fue parte del castigo de Eva por sus acciones, que su deseo por su marido y que él la mandara, fue el remedio de Dios por su conducta ingenua e irresponsable. Mucha doctrina sobre la sumisión usa este versículo como su enseñanza fundamental desde el punto de vista de la Caída más que desde el punto de vista de la intención original de Dios al crear.

Otros han dicho que este deseo era sexual interpretando el pasaje como si fuera una treta cruel de Dios, que dice esencialmente, 'aunque el parto te será doloroso, de todos modos desearás a tu marido y él te mandará en este aspecto".

Hay otros aun, que han dicho que la mujer desearía usurpar la autoridad de su marido, que se esforzaría por dominar, por ser la jefe pero eso no funcionaría y él la gobernaría.

Ninguna de esas interpretaciones tocan lo que yo creo es la verdad de este versículo. Aquí la palabra hebrea es *teshugah* que significa 'deseo'.[4] Sin embargo, el significado de la raíz es debatido.[5] Katherine Bushnell (1865-1946), médico, misionera, luchadora contra la injusticia social y autodidacta en idiomas bíblicos) nos documenta en su libro *God's Word to Women* (La Palabra de Dios para las mujeres) que esta palabra se tradujo consecuentemente como 'volverse a' en las primeras traducciones de la Biblia.[6]

Bushnell dice que esta palabra debiera traducirse "volverse'.[7] Dios decía a Eva: "te estás volviendo a tu marido y él te gobernará'.

Dios decía a Eva que el hombre la mandaría como consecuencia de que ella le hubiera dado la espalda a Dios volviéndose hacia él. Fue opción de ella. Si el deseo de Eva hubiera permanecido siendo de Dios, Él la habría gobernado, lo cual es un privilegio que Dios quiere conservar para Él en cuanto a todos sus hijos.

Nuestro "Dios" reina

Dondequiera pongamos nuestro deseo, eso nos mandará. Si lo ponemos en las riquezas, tomaremos todas nuestras decisiones y opciones basándonos en lo que nos hará ricas. Seremos gobernadas por las riquezas. Si ponemos nuestro deseo en el poder y la fama, tomaremos nuestras decisiones y opciones de acuerdo a eso, quizá hasta transando nuestro sentido del honor. Si ponemos nuestro deseo en la aprobación de los demás, actuaremos en forma tal que obtengamos su aprobación. Seremos mandadas por la gente cuya aprobación queremos. Ahora bien, no importa si esas cosas o esa gente se propongan o no mandarnos pues nos gobernarán lo mismo. Eso es una situación de nuestros propios corazones.

Tal es el significado de Génesis 3:16. Sólo tienes que mirar a tu alrededor para ver cómo las mujeres, incluso las cristianas, ponen su deseo en los hombres. Se han vuelto a ellos para obtener su aprobación, para ser halladas aceptables, dignas, admiradas y elegidas. Como resultado de eso, ellas son gobernadas por ellos. Ellas extraen sus indicios clave para vivir de ellos. Sea lo que sea que la mujer crea que quiere la especie masculina, ellas tratarán de serlo o hacerlo. La mayor tragedia de la circuncisión femenina, antes aludida, es que realmente son las mujeres quienes insisten que esta cruel costumbre se perpetúe en sus hijas. Históricamente las mismas mujeres realizaban brutalmente la cirugía. Sin la circuncisión, dijo una madre tocante a sus hijas: 'Nadie querrá casarse con ellas. Él pensará que se lleva una niña ya usada".[8]

La obsesión de las mujeres por ser delgadas, la anorexia, la bulimia y la locura del estado físico apropiado se originan en este deseo. Por el otro lado, los hombres parecen mucho más interesados en impresionar a otros hombres.

En los últimos 15 años se ha escrito una enorme cantidad de libros que se ocupan del tema puesto que el mismo mundo se ha dado cuenta de este fenómeno que produce perplejidad. Libros como *Women Who Love Too Much, The Cinderella Complex, Men Who Hate Women and The Women Who Loven Them* (Las mujeres que aman demasiado, El complejo de la Cenicienta, Los hombres odian a las mujeres y Las mujeres los aman) entre miles, procuran responder la pregunta: ¿Por qué la mujer busca en el hombre el valor y la aceptación de ella en la medida en que hará opciones autodestructoras para conservar en su vida a un hombre en particular?

Naturalmente ninguno de esos libros buscan su respuesta en Génesis 3:16. Ahí hallarían que esta ha sido la condición del corazón de las mujeres, a menudo para su propia injuria y, en definitiva, en detrimento del hombre desde la aurora del tiempo. Por eso ofrecen otras soluciones egocéntricas como poner a los hombres en su propio lugar, el número dos en lugar del número uno, y escriben otros libros como *Men Are Just Dessert!* (¡Los hombres son sólo el postre!)

Las mujeres razonan: *Dos pueden jugar este juego. Haremos objetos de los hombres en la forma en que las mujeres hemos sido vueltas objeto por ellos y, al menos, estaremos empatados. O, quizá, aprenderemos a vivir sin ellos.*

Sin embargo, ninguna de estas soluciones cura el problema y, después de todas sus resoluciones, muchas se hallan de vuelta en la oficina del consejero, otra vez 'enamoradas'.

El comienzo del fin

A pesar de vivir en esta "era de iluminación', la mujer sigue casándose con la expectativa tácita de que el hombre que eligió satisfaga todas sus necesidades de seguridad, propósito, valor y dignidad, salvo pocas excepciones. Puede que nos burlemos del "príncipe azul", pero es evidente que ese es un cuento de hadas profundamente entretejido en el corazón de casi toda mujer.

Qué desengaño colosal cuando este sueño egocéntrico no se concreta, cuando el marido de la mujer es incapaz de 'llenar el inmenso vacío' dentro de ella. En definitiva, el dolor y la desilusión se instalan, seguidas por la ira y, luego, el rencor. Se desarrolla un gran abismo entre ellos. Si uno de los cónyuges no empieza a comprender el plan de Dios y su punto de vista para el matrimonio, ambos se encerrarán en una espiral letal de su pauta de relación. Este matrimonio vacío, desprovisto de intimidad, puede no terminar en un divorcio legal pero el divorcio emocional puede igualmente devastar y destruir a la familia. Se precisa la cirugía divina para rectificarlo.

Algo para pensar

- ¿Cómo descarriló Satanás el plan de Dios para el hombre y la mujer?
- ¿Cómo fue afectada la situación de la mujer por la ruptura de la relación entre hombre y mujer que causó la Caída?
- Explica en qué forma vive ella *el deseo de la mujer* en sus relaciones.

6

Las expectativas buenas, la fuente mala

> *Porque dos males ha hecho mi pueblo: me han abandonado a mí, fuente de aguas vivas, y han cavado para sí cisternas, cisternas agrietadas que no retienen el agua.*
>
> Jeremías 2:13

¡Con cuánta rapidez se desintegró el diseño de Dios! Satanás había golpeado el corazón del plan de Dios atacando el fundamento de nuestra masculinidad y femineidad. El resultado fue la relación rota y una falla que corre por el centro del cimiento de la casa del Señor. Vemos poco parecido con el exquisito diseño modelado por Dios desde el comienzo para que desplegara su imagen, su amor y su gloria en la tierra. Lo que Dios diseñó quedó sumido en las llamas de nuestro egocentrismo. Los escombros de esa explosión continúan lloviendo hasta la fecha.

Estamos hechos para la intimidad, anhelamos amor y sentir el cuidado verdadero. Sin embargo, debido a la caída, vivimos en un mundo de gente rota impulsada por sus propias necesidades y su egocentrismo. Nos relacionamos con el prójimo sin basarnos mucho en lo que ellos necesitan como en lo que nosotros necesitamos, intentando apagar de alguna manera la sed oculta muy profundamente en nuestras almas.

¿Entonces cuál es la respuesta a nuestro dilema? ¿Nuestros anhelos y expectativas son tan irreales que nunca serán satisfechos en esta vida?

El doctor Reed Davis trata nuestra pregunta cuando, en esencia, dice: "¿Es cosa de 'fuente o recurso'? Dios es nuestra fuente, los demás de nuestra vida son recursos".[1]

Nuestra necesidad de relacionarnos es legítima; está ahí por designio de Dios. Sin embargo, para tener relaciones sanas y buenas es esencial que tengamos claro qué quería Dios, nuestra fuente, ser para nosotros. Entonces, en cuanto a recursos, que quería Él que los maridos y esposas fueran uno para el otro. Verdaderamente se precisa cirugía divina para rectificarnos y restablecernos en la perspectiva definitiva del Padre, de modo que veamos las cosas desde su punto de vista nuevamente. Sin embargo, como declara DeVern Fromke, 'antes que pueda proceder la restauración positiva, deben descubrirse y destruirse los cimientos falsos'.[2]

Fundamentos expuestos

Uno de los fundamentos expuestos hoy es 'el deseo de la mujer'. Como es la raíz de la mala relación que tienen las mujeres con los hombres, tiene que dejarse al descubierto. Esto debe hacerse no sólo por la salud emocional y espiritual de ella sino en aras de él también. Hasta que el deseo del corazón de ella sea visto por lo que es: el corazón dado vuelta al hombre en lugar de estar dado vuelta hacia Dios, ella será incapaz de moverse de su egocentrismo al papel que Dios le ha designado. Este papel es ser una ayuda idónea para su marido 'como al Señor' (Efesios 5:22).

Las necesidades que las mujeres quieren satisfacer desesperadamente son las de identidad, valor, propósito, seguridad y un amor perfecto infalible, todas necesidades del ser. Dios tenía la intención de que esas necesidades fueran satisfechas en cada persona. Pero la verdad es que nadie puede satisfacerlas verdaderamente en nosotros. Ellas pueden ser satisfechas solamente en Dios mismo. "Porque en Él vivimos, nos movemos y existimos", declaró Pablo en Hechos 17:28. Esto debe llegar a ser verdad asimismo en nuestra experiencia.

Desde la época de la Caída, el deseo de la mujer le hace hallar su ser en el hombre. Por otro lado, los hombres tienden a hallar su ser en el trabajo.

Descubriendo la trampa

Como se dijo en el capítulo anterior, la meta de Satanás era separarnos de la única fuente verdadera de vida. Él quería volvernos a nuestra propia sabiduría y entramparnos para que viviéramos la vida de nuestras propias 'cisternas'. Él quería que creyéramos que no sólo pudimos crear nuestros propios recipientes, sino que, entonces, también pudimos llenarlos con el agua que satisfaría nuestra sed.

Todos nosotros vivimos la vida a partir de lo que creemos verdaderamente. No dirige y guía nuestras vidas, o sea nuestras acciones y reacciones, lo que pensemos o sepamos intelectualmente sino aquello de lo que estemos convencidas en nuestros corazones. En definitiva nuestra conducta demostrará las creencias que sostengamos de todo corazón. Larry Crabb lo dice así:

> La verdad es que todo lo que hacemos representa un esfuerzo por alcanzar una meta que, de alguna manera, quizá a nivel inconsciente, tiene sentido para nosotros. Ciertas creencias entretejidas en nuestra constitución sobre cómo llegar a ser valiosos o cómo evitar que nuestra autoestima

sea dañada, cómo ser feliz o cómo evitar el dolor. Debido a que nuestra naturaleza caída es naturalmente atraída por los planes de vida que desechan a Dios, cada uno de nosotros desarrolla confiablemente creencias falsas sobre cómo encontrar el sentido y el amor que necesitamos. Una creencia de lo que yo necesito implica una meta que yo debo lograr.[3]

Entonces, las creencias determinan las metas y las expectativas. Reiteremos el deseo (*teshuqah*) del corazón de la mujer: el profundo anhelo interior que se está 'volviendo hacia' y 'está yendo en pos' o 'corriendo tras' el hombre.

Recuerda, esta no fue parte de la maldición. Dios estaba dejando al descubierto una trampa para Eva. Como ella estaba dándole la espalda al Dios vivo, la única fuente verdadera de vida, ahora sería gobernada por la fuente falsa de vida a la cual ella se estaba volviendo.

Cualquier cosa que sea lo que pensemos satisfará nuestro anhelo, será nuestro dios. La satisfacción hallada en una mala fuente o dios falso siempre es transitoria, sujeta al fracaso y el desencanto. Los dioses falsos son adictivos porque debemos ir una y otra vez para volver a llenarnos y nunca es bastante lo que ellos pueden darnos. El volvernos esclavos de lo que pensamos llenará las cisternas vacías de nuestro interior. Nuestros altibajos están controlados por ellos. Nos sentimos impulsadas, siempre buscando por ese alguien o algo elusivo que creemos va a llenar el hoyo.

Evidencia de expectativas

El deseo de la mujer es una creencia sostenida de todo corazón. Es la creencia de que su marido puede ser su fuente de vida, que él puede satisfacer su necesidad de amor infalible, valor, seguridad y propósito. La evidencia de esta creencia es su inevitable desengaño e ira debido a que él nunca puede hacerlo suficientemente bien. Ella tiende a ver su inhabilidad como frialdad, despreocupación e insensibilidad. Quizá si ella se esfuerza más, se porta mejor, obtendrá la respuesta que desea, pero otra vez, ella se desengaña. Llegará el momento en que ella se retire, se preocupe de los fracasos de él, empiece el resentimiento a corroer la habilidad de ella para demostrarle afecto y el abismo entre ellos se ensancha.

Habiendo empezado el matrimonio creyendo que él era su fuente, ella siente que él 'se lo debe' a ella. Aunque esos pensamientos nunca puedan haberse expresado, se demuestran en la conducta de ella. Se edifica la rabia llegando el momento en que se convierta en rencor y, finalmente, en ira.

Como ella está mirando a su marido en busca de su vida, él la 'gobernará' emocionalmente. Ella está 'bien' si las cosas andan bien, si no, se duele y se descorazona, se deprime y se enoja. Ella está gobernada por lo que él diga, si lo dice, cuándo lo dice, cómo lo dice. Teniendo su corazón, su centro, gobernado por él, por haberle dado la espalda a Dios y vuelto hacia el hombre, ella no puede ser la ayuda para él que Dios quiso y diseñó. Ella bebe de una cisterna rota. Ella tiene la expectativa buena, pero la fuente mala.

La sabiduría de Salomón expresada en Proverbios 14:12 lo dice bien: "Hay camino que al hombre le parece derecho, pero al final, es camino de muerte." Pablo dice en Romanos 3:23: "Por cuanto todos pecaron, y no alcanzan la gloria de Dios."

En la raíz de nuestro pecado y errar el blanco, siempre hay un corazón vuelto contra Dios, la única fuente verdadera de vida.

El adulterio espiritual

¿Qué es el adulterio? Es volverse contra nuestro cónyuge para tener una relación con otra persona. Sucede porque creemos que no estamos obteniendo lo que queremos o necesitamos de nuestro marido (o esposa), así que nos volvemos a otra fuente.

Santiago 4:1-4 habla del adulterio espiritual cuando nos describe cómo se origina la discordia:

> *¿De dónde vienen las guerras y los conflictos entre vosotros? ¿No vienen de vuestras pasiones que combaten en vuestros miembros? Codiciáis y no tenéis, por eso cometéis homicidio. Sois envidiosos y no podéis obtener, por eso combatís y hacéis guerra. No tenéis, porque no pedís. Pedís y no recibís, porque pedís con malos propósitos, para gastarlo en vuestros placeres. ¡Oh almas adúlteras! ¿No sabéis que la amistad del mundo es enemistad hacia Dios? Por tanto, el que quiere ser amigo del mundo, se constituye enemigo de Dios.*

Esto suena como una página sacada de nuestras vidas. Nosotras miramos al hombre, no a Dios, para satisfacer nuestra necesidades. Este es el camino que conduce a la muerte (ver Proverbios 14:12) tocante a la relación. Cuando nuestras expectativas no son satisfechas en la forma en que queremos, eso lleva a la discordia, la pelea y las contiendas. Cuando no somos capaces de obtener la gratificación y sentimos que se nos debe el contentamiento, nos damos la espalda, cerramos nuestros corazones, nos desilusionamos y nos enojamos. Desde el punto de vista de Dios, le hemos dado la espalda a Él, la fuente verdadera de vida, para buscar otros 'amantes' que pensamos satisfarán el anhelo de nuestras almas. Dios llama a esto adulterio espiritual aunque las fuentes a las cuales nos volvemos sean nuestro propios maridos.

Expectativas buenas, fuente buena

Dios quiere rectificar en cada una de nosotras los efectos desastrosos de nuestra herencia de Adán y Eva. Aún estamos comiendo involuntariamente el fruto de la mala opción de ellos. La intención final de Dios es sacarnos del árbol del conocimiento del bien y del mal, eso que buscamos en nuestro entendimiento de que da sentido y valor a nuestras vidas, para llevarnos al árbol de la vida, que es Dios mismo. DeVern Fromke dice: "Hasta que hayamos sido verdaderamente cortados del árbol viejo, el cual es silvestre por naturaleza e injertados en el árbol bueno, no aprenderemos a vivir de nuestra nueva fuente".[4]

Dios quiere que nosotros busquemos satisfacción a nuestras necesidades de *ser* en Él. Solamente Él puede satisfacer nuestra necesidad de amor infalible, valor, propósito, identidad y seguridad. Cuando hallemos nuestra vida en Él, descubriremos que podemos soltar nuestras exigencias a los demás. Entonces, podemos empezar a movernos en relaciones genuinas con ellos, porque ya no son la fuente de nuestra identidad y seguridad. Hasta que esto ocurra, no puede empezar a haber intimidad real.

Primera de Timoteo 6:17 nos amonesta a no poner nuestra "esperanza en la incertidumbre de las riquezas, sino en Dios, el cual nos da abundantemente todas las cosas para que las disfrutemos". A esto el maestro sabio respondió: "Puedes decir cuándo has puesto tu esperanza en las cosas, riquezas, personas, hogar, automóviles, etc, tú dejas de disfrutarlos". Cuando ponemos nuestra esperanza en Dios, lo disfrutamos a Él y también a las demás cosas".

Esposo, esposa, ¿han dejado de disfrutar a su cónyuge? Si es así, esto puede ser un indicio importante de dónde han puesto su esperanza.

Un vuelco Divino

Quiero destacar fuertemente, que nada de lo que he dicho aquí tiene la intención de negar el hecho de que muchas necesidades legítimas debieran ser satisfechas en la relación matrimonial para que esta funcione apropiadamente. Muchos cambios críticos pueden resultar necesarios. Lo que tan a menudo hace tropezar a la mujer es que ella no ha separado su necesidad de ser de sus necesidades de relación y las quiere satisfacer todas en la fuente mala y por malas razones. Lo que ella quiere o anda buscando, que es realmente bueno y necesario, es también lo que la hace vulnerable al engaño.

Fíjate en Génesis 3:6, que Eva fue tentada a moverse por su propia cuenta, no por lo malo sino por lo bueno. El árbol que la tentaba era "bueno para comer, agradable a los ojos, y deseable para alcanzar sabiduría". Dios le hubiera dado todas esas cosas pero ella optó por tomarlas por sí misma, pero de la fuente mala. Aunque fue motivada por lo que parecía bueno, su acción fue motivada por lo que 1 Juan 2:16 describe como "la pasión de la carne, la pasión de los ojos y la arrogancia de la vida" todo lo cual es 'del mundo'. Las cosas buenas de la fuente mala constituyen lujuria.

El deseo de la mujer surge de esta raíz; es una forma de lujuria. Es una manera de hacer un objeto del hombre a la manera propia de ella, queriéndolo a él para ella misma, para encontrar su vida en él. Es buscar en él eso que sólo Dios puede proporcionar. En la medida que el deseo de ella esté puesto en él, las necesidades que ella tan desesperadamente anhela satisfacer quedarán insatisfechas. Aunque fuera posible que la mujer agarrara al hombre y de alguna manera lo moldeara a la imagen que ella quiere que él sea, no sería suficiente porque la lujuria nunca se satisface.

Cuando el corazón de la mujer se vuelve a Dios y ella pone de nuevo su deseo en Dios, habrá una libertad nueva. Ese anhelo de dominio habrá desaparecido de su voz y de su actitud. Ella podrá moverse en la relación con él basada en la integridad más que en la necesidad, el dolor y la herida inapropiadas. Ella podrá hablar a la vida de su marido con más efectividad porque su valor e identidad ya no dependen más de la respuesta de él. Ahora libre, ella puede ser para él la ayuda que Dios designó que ella fuera. Discutiremos esto con más detalles en el próximo capítulo.

Cuando la mujer deja de mirar a su marido desde el punto de vista de las necesidades de ella que él no puede satisfacer, ella lo libera para que él satisfaga las necesidades que puede: la necesidad de intimidad y la responsabilidad compartida del matrimonio y la familia.

Se abre una puerta

Déjame compartir contigo una llave que descubrí puede empezar a abrir la puerta a la intimidad que tanto anhelas para tu matrimonio. Recuerdo muy bien el período difícil de mi matrimonio en que yo luchaba con muchas de las emociones que acabo de describir. También yo había ido a esta relación con el deseo de mi corazón firmemente dirigido a mi marido. Como tantas mujeres, mis metas torcidas de satisfacer mis necesidades en un hombre imperfecto habían producido desengaño, dolor y, en última instancia, rabia, para ni mencionar el rencor y la ira.

Gracias a Dick y Marilyn Williamson, un dotado pastor y su esposa, que fueron usados por Dios para aconsejar a muchas parejas que luchaban en los ciclos del dolor, empezamos a ver dónde estaban realmente nuestros corazones y nuestras expectativas: realmente en cada uno en lugar de estar en el Señor. Tuvimos que sacarnos muchas máscaras y capas de conducta protectora. Nos tuvimos que poner vulnerables, honestos y reales, primero con nosotros mismos y Dios, luego uno con el otro. Mucho perdón había sido dado, aunque parecía que una herida particular seguía saliendo a la superficie en mí.

Yo estaba atónita. Pensé que en cuanto una perdona de todo corazón, ya estaba. Todo sería arreglado, la lucha se habría acabado. Pero eso no era verdad para mí.

Entonces un día, la parábola del siervo, de Mateo 18, cobró vida en forma nueva para mí. Conoces la historia. Cierto rey quería arreglar todas sus cuentas. Un siervo le debía una tremenda suma, tanto que, efectivamente, era incapaz de pagarla. Así que el rey mandó que él fuera vendido junto con su esposa e hijos y todo lo que tenía. Le costaría todo, pero la deuda era tan grande (conforme a La Biblia al Día, equivalía a diez millones de dólares) que aún eso no sería suficiente. La deuda siempre estaría más allá de la mera habilidad del siervo para pagarla por completo. Arrojándose a los pies del rey, le rogó misericordia que no merecía, y el amo, movido a compasión, lo liberó y perdonó la deuda.

Sin embargo, "al salir aquel siervo, encontró a uno de sus consiervos que le debía cien denarios, y echándole mano, lo ahogaba, diciendo: "Paga lo que debes" (versículo 28). Esa era una deuda legítima que trataba de cobrar, realmente se le debía, pero el pobre siervo no tenía capacidad de pago.

Me impactó la semejanza con mi propia vida. Yo debí una deuda a mi Rey que nunca podría pagar: Todos los "debo" y los "debiera" todas las muchas formas en que había quedado corta y seguía quedando corta en mi vida. Mi deuda a Dios consistía en mi falla para amarlo perfectamente a Él. También consistía de la acumulación de todas las fallas de toda una vida en que no amé a los demás con amor perfecto.

La Escritura nos dice que cuando pecamos contra el prójimo pecamos contra Dios. David al admitir su pecado contra Urías, oró: "Contra ti, contra ti sólo he pecado, y he hecho lo malo delante de tus ojos" (Salmo 51:4).

Mi deuda acumulada era, sin duda, demasiado enorme para que yo la pagara. Dios podía tomar mi vida y todo lo que tengo y ni siquiera empezaría a ser suficiente. Pero en el día en que me arrojé a los pies de mi Amo, cuán bondadosa, generosa y compasivamente Él me liberó, ¡perdonándome gratuitamente!

Aunque fuera increíble, yo, como el siervo de Mateo 18, me olvidé con toda facilidad de la manera maravillosa en que se me había perdonado mi inmensa deuda. Empecé de inmediato, en forma sutil y no tan sutil, a exigir pago de aquellos 'consiervos' que me rodeaban, muy particularmente de mi marido.

Tendemos a ver las deudas que tienen con nosotras los demás, especialmente nuestros cónyuges, tanto más grandes que la nuestra. Seguramente que hemos hecho más, amado mejor, esforzado mejor que ellos. Aunque eso fuera verdad, Dios no compara nuestras deudas con las de otra persona. Él compara nuestra deuda para con Él a la deuda que otros nos deben a nosotros. La deuda acumulada de ellos puede ser tan enorme como la nuestra, pero eso no es cosa nuestra; nosotras no podemos exigir el pago total. Solamente podemos demandar lo poquito que se nos deba a nosotras. ¡Cuán poco es en comparación con lo que cada uno de nosotros le debe a Dios!

Fíjate qué pasó con ambos siervos. El segundo terminó en la cárcel de los deudores, pero el primero que no perdonó esa deuda pequeña fue entregado a los 'torturadores' hasta que pagara todo lo que debía (ver Mateo 18:29,34). Con cuán vivacidad describe eso la suerte de aquellos que andan en la falta de perdón. Ellos son torturados, atormentados, apresados en sus propios pensamientos amargos, rencorosos de la autojustificación y la condena 'justa' de los demás. Los argumentos imaginarios fluyen por su mente en los momentos más inesperados, argumentos que ellos siempre ganan, la herida mortal rápidamente infligida en definitiva con la filosa espada de sus propias palabras amargas.

Cuando la verdad de este pasaje de la Escritura se me aclaró, vi por qué el ciclo de dolor y rabia continuaba rodeando nuestra relación. No era que yo no hubiera perdonado a Howard por heridas pasadas sino que, al ser de nuevo impactada por el concepto de nuestra deuda para con Dios y de uno con otro, me imprimió nueva comprensión. Nuestra deuda es nueva cada día. Romanos 13:8 nos manda: "No debáis a nadie nada, sino el amaros unos a otros."

Esta es una deuda diaria continua. Empezamos cada mañana con una deuda nueva, una deuda de amor —'ágape', amor perfecto, con los demás y ellos para con nosotras, una que no podemos pagar más que nuestra vieja deuda. Afortunadamente para nosotras, la misericordia de Dios es asimismo nueva cada mañana (ver Lamentaciones 3:22,23).

Súbitamente vi que yo no luchaba con las heridas pasadas sino que con la deuda nueva, las expectativas frescas que surgían en mi corazón para con Howard cada nuevo día, con tanta seguridad como que el sol sale por la mañana. ¡Él seguía endeudado conmigo! Para mi opinión aún había una deuda que flotaba en el aire, que pendía sobre la cabeza de él. Él creía que nunca sería libre y a esa altura de nuestras vidas tenía la razón. Yo lo había apresado, hecho prisionero de mis expectativas. No sólo no era libre él sino que yo tampoco. Como los dos siervos de la parábola, estábamos ambos en la cárcel: él en la prisión de los deudores; yo en la cárcel de mis propias exigencias y racionalizaciones.

Algo poderoso pasó en el ámbito espiritual el día en que los dos nos tomamos las manos y, de una vez por todas, nos libertamos uno al otro de la cárcel: la cárcel de las exigencias, expectativas y deudas.

Graham Greene, poeta inglés, dijo: "Siempre hay un momento de la infancia [o tiempo] en que se abre la puerta y deja entrar al futuro". Este fue esa clase de momento aunque en ese entonces no lo sabíamos.

Sólo unas pocas palabras dejaron abrirse la puerta a toda una relación nueva. No oímos el sonido atronador de trompetas, pero ¡los cielos parecieron abrirse junto con nuestros corazones! Desde ese día en adelante, la recurrencia de aquel viejo ciclo ha desaparecido.

¿Entonces, pues, cuál es la respuesta a nuestro dilema, a este anhelo muy legítimo de amor e intimidad? Es volver nuestros corazones a nuestra única fuente verdadera. Dios desea volvernos a ambos, hombre y mujer, para que nos hallemos plenamente en Él.

Creo que este es un factor clave en lo que Dios está haciendo hoy en los corazones de las mujeres de todo el mundo. En esta movida sin precedentes, Él está dando vuelta a los centros de las mujeres, enseñándoles a negarse a sí mismas, su propia sabiduría, su propia fuerza y a hallar su fuente en Dios. Él les está enseñando a vivir por el "árbol de la vida", la vida de Dios en ellas. Él las está libertando de las cisternas rotas de su propia hechura y moldeándolas de nuevo, restaurando a la ayuda idónea del hombre. Una vez más, en esta hora final, Dios está moviéndose para presentar al hombre eso que le fue sacado hace tanto tiempo de modo que aquello que "no era bueno" sea bueno otra vez: hecho íntegro, por Su propio amor y propósito.

Algo para pensar

- ¿Cuáles son las necesidades de ser de nosotras? Explica la diferencia entre las *necesidades de ser y las necesidades de relación.*
- ¿Qué determina nuestras metas y expectativas?
- Explica en qué forma afecta las relaciones de marido y mujer el hecho de que la mujer crea que su marido debe su fuente en la vida.

7

El hombre escondido en el corazón

> *Como el agua refleja el rostro, así el corazón del hombre refleja al hombre.*
>
> Proverbios 27:19

Una de las quejas más dolorosas y constantes que escucho de las mujeres cuando viajo por el mundo es la pena que sienten por sus relaciones matrimoniales. A menudo las oigo decir: "Mi marido está físicamente presente en casa pero no emocionalmente, no para mí ni los niños".

A veces ellas sienten vergüenza de esta queja, quizá sus maridos les han dicho que son irreales. Los maridos pueden decir que la relación es cosa de mujeres no algo con que debieran meterse los varones. Subsecuentemente, estas mujeres han decidido tratar de seguir adelante sin satisfacer esas necesidades del corazón. A veces, se atarean mucho con los niños o tratan de hallar satisfacción en un trabajo, ministerio o amistades con otras mujeres. No importa cuánto se esfuercen, el dolor y el anhelo no desaparecen. El hecho es que ¡Dios no concibió que así fuera! Dios hizo a las mujeres con una necesidad interior de tener una relación íntima con su esposo, la que va más allá de la relación sexual que, al comienzo, parecía suficiente por sí misma.

Precisamente en este punto muchos matrimonios se rompen, si es que no la mayoría. Se divorcian multitudes. Otros, muchos de ellos cristianos que no creen en el divorcio, se quedan pegados ahí. A menos que descubran el plan y propósito de Dios para ellos, vivirán años en callada desesperación y dolor.

Se acabó la luna de miel

Examinemos la dinámica de las parejas recién casadas. Dos se hacen uno, y empieza la luna de miel. Primero la unión parece algo 'hecho en el cielo'. Al pasar varios meses, empiezan, sin embargo, a salir a la superficie ciertas necesidades y aspectos más profundos de la relación, habitualmente en cierto momento. A veces decimos, con una risita cómplice, 'se acabó la luna de miel'. ¿Qué se quiere decir realmente con esa frase? Muy a menudo es el aspecto inicial de que la unión de 'una sola carne' ha empezado a darse vuelta y cambiar para la mujer.

No se trata de que haya desaparecido su deseo físico o sexual de su esposo sino que cambia. A menudo aquí empezamos a ver que surge el diseño único de Dios para la mujer. Mire, Dios la hizo en forma tal que ella no puede funcionar mucho tiempo a un mejor nivel sexual superficial. Él ha puesto en ella una necesidad de conectarse emocionalmente en la relación con este hombre con quien ella tiene intimidad sexual, especialmente cuando ella comienza madurar como mujer. Ella comienza instintivamente a saber, quizá sin ser capaz de expresarlo claramente, que el matrimonio necesitará más que esto para que funcione a largo plazo. Gary Smalley insiste en que las mujeres 'tienen un manual del matrimonio en sus corazones'.

La mujer empieza a sentir la verdad de su ser en su cuerpo. Su sexualidad la mueve a profundizar dentro de ella. Se necesitará más ahora para interesarla en este aspecto de sus vidas. Si ella no es satisfecha en este nivel más profundo, y sigue dando su cuerpo sin conectarse emocional y espiritualmente, puede empezar a sentirse usada, quizá hasta abusada. Ella puede empezar a creer que está siendo deseada por una sola razón, que no importa realmente quién es ella. En alguna forma, debido a que parece haber poco contacto en otro nivel, ella puede empezar a pensar que se está "prostituyendo" al dar su cuerpo sin poder compartir el yo interno de su corazón. La mujer anhela "conectarse realmente" con su marido. Ella quiere una unión que sobrepase lo solamente físico.

El hombre puede estar confundido, hasta dolido. Él se pregunta si ella ya no lo halla deseable. Puede cavilar, "¿qué cosa hay en ella ahora?" Ella dice cosas como "realmente no te importo" o "quiero tener una relación contigo".

Él piensa que tienen una relación y que todo está bien. Los comentarios de ella no tienen sentido para él. Él se siente como el hombre joven orientado a la tarea en la oficina del consejero que dice: "No sé qué quiere ella de mí. Yo soy responsable. Cada noche regreso a casa, llevo lo que gano a mi hogar. ¡Estoy dedicado a este matrimonio!" El consejero piensa un momento y responde: "¿Pero está dedicado a ella?"

En esencia, la mujer golpea la puerta del corazón de su esposo diciendo: *¿Vas a salir?* El grito de su propio corazón es: *Yo necesito conocerte en un nivel más profundo y tengo que saber que soy conocida y cuidada más profundamente también. Quiero saber qué piensas y sientes porque es en el área del "sentir" de tu ser, tu corazón, donde reside tu persona real.*

A menudo Dios emplea esta inquietud e insatisfacción en el corazón de la mujer para mover la pareja al próximo nivel de crecimiento. La sabiduría de la mujer y la receptividad del hombre serán, no obstante, cruciales aquí.

Adelante

George Guilder en su libro *Men and Marriage* (Hombres y matrimonio) escribe que la sexualidad de la mujer es mucho más por relación que la del hombre. Lo llama "sexualidad a largo plazo" y declara "el proceso crucial de la civilización es la subordinación de los impulsos sexuales y la biología del hombre a los horizontes a largo plazo de la sexualidad femenina".[1]

Con vista a sus propios propósitos Dios diseñó a la mujer específicamente con una necesidad interior de ir más allá de la superficie en una relación, de "llegar al corazón de las cosas". Las mujeres encuentran naturalmente fácil moverse en el ámbito de los sentimientos, identificando fácilmente sus propios sentimientos y, con frecuencia, los de otras personas. Este mismo aspecto de su naturaleza es el blanco de muchos chistes en nuestra cultura. A menudo se ridiculiza a las mujeres por ser demasiado emotivas y nada lógicas, como si sentir y pensar se excluyeran mutuamente.

La realidad es que los sentimientos resultan de los pensamientos y, si se divorcian de nuestras emociones, tendremos problemas para identificar nuestros pensamientos reales, por lo menos en las cosas importantes de la vida. No debemos dejar que los sentimientos nos dominen ni depender de ellos como fuente infalible de verdad. No obstante, los sentimientos son indicios importantes que nos dicen más de *nuestra* verdad: lo que pensamos y creemos realmente, que cualquier otra cosa. Nuestras mentes pueden mentirnos, pero nuestros sentimientos nos delatarán siempre. Cuando empezamos a procesar nuestras emociones descubrimos que creemos realmente por dentro. Este fue el propósito de Dios para la mujer en la vida del hombre: sacarlo afuera de este lugar interno de soledad donde él se esconde de sí mismo y de los demás, hasta de Dios. Proverbios 27:19 expresa esta verdad:

> *Como el agua refleja el rostro, así el corazón del hombre refleja al hombre (de un ser humano a otro).*

En la dinámica de relacionarse uno con otro: marido con mujer, amigo con amigo, estamos continuamente confrontados con lo que hay en nuestros corazones. Si nos aislamos emocionalmente de los demás podemos vivir para nosotros mismos sin ser nunca confrontados con la "parte real" de la vida en forma que cambie nuestros corazones, nuestros motivos y acciones egoístas, o trate los aspectos reales de necesidad, descuido o negación en nuestro interior.

Un consejero decía: "Si respondiéramos a la Palabra y la correspondiente obra del Espíritu Santo, no habría necesidad de asesoramiento. Nuestros corazones serían conformados a la imagen de Dios al humillarse continuamente a impulsos del Espíritu Santo. Sin embargo, no siempre es así. Evitamos y negamos cosas que no queremos admitir ni tratar. A veces, tenemos puntos ciegos que los demás ven, pero por razones que desconocemos, nosotros no vemos".

Como indica el versículo citado de Proverbios, en el efecto del reflejo de la relación se revelan nuestros corazones verdaderos y el yo queda expuesto. Esta es la ayuda que Dios quería que tuviera el hombre cuando le dio una esposa. Como aprendimos en el capítulo 4, la mujer fue especial y específicamente diseñada para vivir "cara a cara" con su marido.

Hechas para la intimidad

Primera de Pedro 3:1-6 salta de inmediato a la mente. Es el llamado "versículo del sometimiento" a menudo usado para hacer callar a las mujeres y, nuevamente, volverlas inefectivas en el diseño de Dios, cuando, en realidad, dice exactamente lo contrario:

Asimismo, vosotras mujeres, estad sujetas a vuestros maridos, de modo que si algunos de ellos son desobedientes a la palabra, puedan ser ganados sin palabra alguna por la conducta de sus mujeres al observar vuestra casta y respetuosa conducta. Y que vuestro adorno no sea externo: peinados ostentosos, joyas de oro ni vestidos lujosos, sino que sea el yo interno, con el adorno incorruptible de un espíritu tierno y sereno, lo cual es precioso delante de Dios. Porque así también se adornaban en otro tiempo las santas mujeres que esperaban en Dios, estando sujetas a sus maridos. Así obedeció Sara a Abraham, llamándolo señor, y vosotras habéis llegado a ser hijas de ella, si hacéis el bien y no estáis amedrentadas por ningún temor.

Si sacamos estos versículos de su contexto, tendremos que concluir que la mujer tiene que ser un testigo callado para su marido y que, efectivamente, así se le manda. ¿Pero, qué hay de nuestra lección de historia en que aprendimos que el propósito de la mujer, "para" el hombre, y su nombre "Eva", fueron ambos sacados de palabras que connotan hablar? Aquí tenemos algunas contradicciones.

Cuando se preguntó cuáles era las tres cosas más importantes para saber antes de comprar una propiedad, un corredor de bienes raíces contestó" "¡la ubicación, la ubicación, la ubicación!" Lo mismo podría decirse respecto de entender la Escritura. Donde esté ubicado un texto, su contexto, es lo que a menudo nos da la mejor información.

Esos versículos de 1 Pedro están entremedio de una larga exhortación sobre cómo tenemos que reaccionar en las circunstancias difíciles. No se dice a la mujer que no tiene que hablar con su marido de cosas sensibles; en el contexto se le dice *cómo* hablar, sin palabras enojadas ni vengadoras, sólo como Cristo que, "cuando le ultrajaban, no respondía ultrajando" (2:23). "No devolviendo mal por mal, o insulto por insulto, sino más bien bendiciendo. Pues el que quiere amar la vida y ver días buenos, refrene su lengua del mal, y sus labios no hablen engaño" (3:9,10).

Jesús no se quedó callado al tratar con sus detractores; Él sólo se calló sobre su defensa de sí mismo. Él se confió a Dios, se quedó en lo que hacía y siguió hablando la verdad sin dejarse entrampar en una diatriba defensiva y vengadora con ellos.

Primera de Pedro 3:6 parece indicarnos que la sumisión de la mujer, como quien se adorna con "el yo interno" (versículo 4) puede ser acompañado de dificultades extremas. Se le dice que ella es la hija de Sara si hace el bien y "no es amedrentada por ningún temor". ¿Qué podría aterrorizar a la mujer?

Para contestar eso tenemos que entender más claramente el significado de "el yo interno". Él yo denota "los pensamientos, sentimientos, la mente, el medio".[2] El corazón es el receso más interno y profundo de nuestro ser, el lugar de la verdad absoluta donde se sacan todas las máscaras y pretensiones. El corazón es el lugar donde habita la persona real.

La mujer cuyo centro ha sido dado vuelta, que permanece en el Espíritu Santo, que habita en el lugar recóndito de nuestros corazones, puede empezar a confiar que lo que pasa dentro de ella es del Señor: que Dios le está dando entendimiento y conceptos. El "manual del matrimonio" que Dios ha puesto dentro de ella está empezando a tomar forma. Exhibe un espíritu tierno y sereno, amable y tranquilo,[3] porque ella sabe dónde está su confianza, y Dios quiere que ella saque afuera estos conceptos para compartirlos con su esposo.

Esto no es el caso que ella se ponga por encima del hombre como si fuera "su profesora", pues se prohíbe en 1 Timoteo 2:12. Esto es relación, compartir su ser interior con él en dar y recibir de la vida normal como Dios concibió que sea. Sin embargo, en este proceso puede haber consecuencias, y 1 Pedro 3:6 amonesta a la mujer a estar preparada con una respuesta apropiada. Ella no tiene que estar "amedrentada por ningún temor".

Prepárate para las reacciones

"Temor" denota en el griego "algo que asusta o da miedo" y quizá se asemeja a una palabra que significa "huir",[4] como un pájaro que oye un ruido fuerte.

Al comenzar la mujer a compartir su corazón con su marido, aunque sea amable y tierna, él puede ponerse de inmediato a la defensiva y protegerse a sí mismo. Él puede echar instintivamente las cortinas de humo de la rabia y la intimidación. Estas tácticas son un intento de devolverla adonde estaba para él proteger su seguridad interior. Él quiere mantenerla a la distancia de ese santuario interior donde él ha podido esconderse de sus emociones y sentimientos durante muchos años, probablemente desde la niñez. Si la mujer quiere permanecer en la relación, siguiendo abierta y no responder retirándose de nuevo a su propia protección interior, la vida y la salud empezarán a producirse cuando llegue el momento.

John y Paula Sanford describen esta dinámica en su libro *The Transformation of the Inner Man* (La transformación del hombre interior). Basados en su amplia experiencia en asesoramiento dicen:

> Los compañeros y los consejeros deben buscar con paciencia para hallar los corazones congelados de sus amigos. Pero la señal más común de volver a la vida es que mientras más cálido sea el amor dado, más mala será la reacción. El miedo a la vulnerabilidad crea odio. Cada corazón de piedra tiene vida propia. Canta mentiras a la mente... Esta señal de volver a la vida es el dolor, como cuando se nos ha quedado dormida la pierna y de lo primero que nos damos cuenta es cuando sentimos el dolor de un millón de agujas que pinchan: ¡la razón es que la pierna está volviendo a la vida! Pero nuestro ser queri-

do edificó ese escondite precisamente para escapar del dolor. Por tanto, el ataque es automático, para eliminar la amenaza antes que se derrumben las paredes... Los maridos, con mayor frecuencia que las esposas, se ponen más malos mientras más amor les expresen sus mujeres. Precisamente, la transformación de los corazones de piedra no se realiza por las oraciones distantes, seguras y que desean lo mejor. Los corazones de piedra pueden derretirse sólo con los corazones persistentes que soportan el dolor y que están dispuestos a darse a sí mismos diariamente, entendiendo y perdonando cada vez que la presa se da vuelta para atacar hasta que se derrita la espina de hielo.[5]

Si la mujer no conoce el plan de Dios en todo esto, que Él quiere dar integridad y madurez a cada uno de ellos por medio de su relación, por medio de corazones abiertos compartidos, ella se asustará con la demostración de fuerza de él y se retirará al silencio para protegerse a sí misma, o para defenderse, explotará en una rabia parecida. Si ella explota, su don divinamente dado de palabras concebidas para dar vida y restauración, se volverá un arma mortal. Ella puede usarlas como cuchillos, dejando a su marido receptivo al ridículo y la insolencia, haciendo más daño aun a un corazón ya herido, lo que puede llevar años arreglar.

En esencia, entonces, la mujer de 1 Pedro 3 es exhortada a vivir con su marido como quien ha aprendido a confiar en Dios. Como una mujer cuyo deseo ha sido cambiado del hombre hacia Dios, ella tiene que ser valiente, ser responsable de sus palabras, aprender a hablar con respeto aunque no esté de acuerdo con su marido. Ella no tiene que pecar cuando está enojada (ver Efesios 4:26). Ella tiene que aprender cómo hablar "la verdad con amor" (versículo 15), a atar la misericordia y la verdad alrededor de su cuello para hallar "favor y buena estimación ante los ojos de Dios y de los hombres"

(Proverbios 3:3,4). Esta mujer es una que aprendió de la mano de Dios que "la lengua apacible es árbol de vida, mas la perversidad en ella quebranta el espíritu" (15:4). Ella sabe que es una embajadora de Cristo en este matrimonio: "Muerte y vida están en poder de la lengua, y los que la aman comerán su fruto" (18:21). También sabe que, habiéndola encontrado, su marido ha hallado "algo bueno" y ha obtenido "el favor del Señor" (versículo 22). Pero, como Ester, ella tiene que aprender cuándo hablar, y cuándo el silencio será la mejor parte de la sabiduría.

Todo esto por amor a su marido, para ayudarle, de modo que "si algunos de ellos son desobedientes a la palabra, puedan ser ganados sin palabra alguna por la conducta de sus mujeres" (1 Pedro 3:1). Ella tiene que demostrar ante él, por la fuerza y sabiduría de la vida de Dios en ella, que hace funcionar a la vida. Su ejemplo *incluye* hablar con palabras dadoras de vidas, y no lo excluye.

Como mujeres tenemos que aprender quiénes somos y qué tenemos que hablar como representantes de Cristo. Una mujer que hace esto, que se vuelve consecuente en ello, descubrirá que llegará el momento en que el corazón de su marido empezará a confiar en ella. Él también aprenderá por sí mismo cómo vivir adornado con "el yo interior".

¿Reglas o relaciones?

Esto es la verdadera sumisión "como al Señor". Se trata más de relación que de autoridad. Aunque 1 Pedro 3:6 nos dice que Sara "obedeció a Abraham" no debemos entender eso sin ponerlo en el contexto de toda su vida juntos. La verdad es que después que ambos habían madurado, después que sus nombres (naturalezas) habían sido cambiados y que la "vida" (Isaac) que Dios les prometió había venido por el Espíritu, Abraham también obedeció a Sara, a la orden de Dios (ver Génesis 21:12). Ella le ayudó a ver algo que él no podía ver por sí mismo. La de ellos fue sumisión mutua. Dios busca la interdependencia de la relación, no reglas ni reglamentos.

Es un error limitar la instrucción dada en los primeros seis versículos de nuestro pasaje de 1 Pedro a las mujeres que tienen esposos incrédulos, como pasa tan a menudo. La relación de Sara con Abraham es nuestro ejemplo, y ambos eran creyentes.

Entonces, podemos ver de esos versículos de 1 Pedro 3 que el sometimiento de la mujer, como la creación de ella, es inicialmente por amor al hombre, para ayudarle. La sumisión es que ella conozca su propósito desde el punto de vista de Dios y, luego, lleve todo el ser de ella al hombre para bien de él, sabiendo que el destino de ellos es juntos. Al empezar a caminar la mujer conforme a su designio con el hombre, no más asustada por viejos métodos de reproche ni devolviendo más las enojadas respuestas de él en forma parecida, es probable que llegue el momento en que él salga del escondite. La relación empezará a existir entre ellos. Puede llevar algún tiempo pero si ella sabe quien es, si tiene paciencia y coherencia, si aprende de la mano de Dios a abrir la boca con sabiduría y tener en su lengua la ley de la bondad (Proverbios 31:26), muy probablemente empezarán a cambiar las cosas.

Ponerse de acuerdo para entender

Este pasaje de 1 Pedro sigue dirigido al hombre. Al marido se le dice ahora que tiene que vivir con esta mujer que Dios le ha dado: "Y vosotros, maridos, igualmente, convivid de manera comprensiva con vuestras mujeres, como con un vaso más frágil, puesto que es mujer, dándole honor como a coheredera de la gracia de la vida, para que vuestras oraciones no sean estorbadas" (1 Pedro 3:7).

El hombre tiene que entender a su esposa, la naturaleza y designio que Dios le ha dado a ella para ayuda de él. Él no tiene que tratarla con rudeza o de modo amedrentador. Más bien, tiene que tratarla con amabilidad y honor porque ambos son "coherederos de la gracia de la vida" (versículo 7). Él tiene que salir de su sopor, su pasividad y despertar a ella, pues en su estar juntos, su unidad, su interdependencia, el propósito de Dios para ellos saldrá a relucir.

Él no debe descuidar o echar a un lado las necesidades de ella, porque Dios usará algo del medio mismo de esas necesidades para ponerlo a él en relación con ella, con Él mismo y con los demás. Cierto es que solamente Dios puede dar "vida" al marido en sentido eterno, pero la mujer puede conducirlo a la vida, de modo que aun las cosas eternas adquieran un mayor significado para él. Si el marido se abre a ella, si él puede recibirla y unirse a ella en esto, él empezará a crecer a un nivel de madurez mayor de lo que él haya conocido antes. Al estar ambos dispuestos a salir de su protección propia, la mujer atreviéndose a salir de ese pozo profundo donde vive, la persona escondida de su corazón, aun a riesgo de ser rechazada, y el hombre saliendo a encontrarla a ella, empieza a haber madurez real.

Paul Tournier confirma este pensamiento cuando dice:

> Para que alguien logre su potencial debe haber por lo menos otra persona con quien aquella pueda abrirse totalmente sintiéndose segura al mismo tiempo.[6]

John Powell dice:

> Al empezar a compartirnos con otra persona, invitamos al otro a compartir su ser con nosotros; al aprender a resolver conflictos a medida que surgen, creceremos.[7]

La realidad es que al quedarnos ocultos y protegiéndonos, nos quedamos detenidos en el desarrollo, viviendo la vida en forma disminuida, a menudo a un nivel emocional infantil. Los hombres luchan con esto mucho más que las mujeres. Ciertamente por esto es que Dios puso el énfasis en la mujer para que fuera la ayuda del hombre en este aspecto y no al revés. Sin duda que Él la hizo a ella precisamente para este propósito.

Los hombres reales sirven

Toda la vida parece conspirar para mantener al hombre oculto y emocionalmente cerrado. Aquí vemos de nuevo el juego del enemigo. Ciertamente que la sociedad le hace muy bien el juego al diablo cuando éste pegó primero para estorbar lo que Dios tuvo en su corazón desde el comienzo.

Quizá el mensaje más frecuente a los niños varones sea, "sé un hombrecito, los hombres no lloran ¡pórtate firme!" Las heridas, los rechazos, las traiciones y las humillaciones de la infancia, algunas de las cuales son devastadoras, deben ser enterradas en el corazón del niño si quiere sobrevivir en un "mundo de hombres". Desde el comienzo el mensaje es que "ser un hombre" no es ser alguien que siente.

Daphne Rose Kingma, en su libro *The Men We Never Knew* (Los hombres que nunca conocimos) dice:

> Los hombres tuvieron que matar las bestias salvajes, talar los bosques, surcar los mares, librar las guerras y edificar los rascacielos para asegurar el progreso de la civilización. Para hacer esto se exigió que dejaran de lado sus sentimientos. Se enseña a los hombres que para mantener integrado al mundo, para tomar decisiones políticas, económicas o sociales, tienen que pasar por alto sus emociones, porque la intervención de los sentimientos puede hacer pedazos sus

decisiones. Así, pues, se les anima no sólo a no tener sentimientos, sino que también se les instruye específicamente a sofocar cualquier sentimiento que pudiese salir a la superficie.[8]

Muchos hombres han aprendido desde su infancia las estrategias para protegerse de las emociones que los rotularían de no varoniles o no masculinos y, ahora, como adultos, las han perfeccionado. La adicción al trabajo, el alcoholismo, la preocupación por el sexo, el dinero, el poder, la posición, el recreo, la televisión o la simple pasividad, son formas en que los hombres han aprendido a esconderse de las cosas reales de la vida y, así, de la gente que se supone sea la más cercana a ellos.

¿Cuál es el peligro de esto? ¿Por qué Dios dijo que eso no "es bueno"? Porque la autoprotección conlleva la etiqueta de un precio enorme. Cuando rehusamos sentir, nos apartamos de nosotros mismos y, como resultado, nos apartamos de los demás también. Para tener una relación auténtica con alguien debemos ir con un yo auténtico que siente a Dios y al prójimo.

El efecto de la onda del aislamiento del hombre ha sido mareador. El hogar, la familia, la iglesia y la nación se estremecen en la estela del abandono emocional del hombre, hoy más que nunca antes. Necesitamos desesperadamente hombres que sientan, que se comprometan, que enfrenten el dolor de vivir, dejando que les llegue al núcleo de su ser y, no obstante, por gracia de Dios, no dejarse abrumar por eso. Nuestro bienestar depende de la habilidad del hombre para vivir en relación e intimidad con su esposa, hijos y el prójimo. Para hacer eso tiene que haber sanidad, restauración, ayuda que el Señor ha dado.

Un hombre cuyo corazón ha empezado a confiar en su esposa ganará valor para compartir con ella las heridas y fallas del pasado. Al ir sacando afuera estas heridas y fallas, a la luz de la relación, empieza a ocurrir la sanidad real. Aquellos años pueden dejarse atrás para siempre cuando él descubre que es verdaderamente amado. No por una imagen que él se sienta obligado a proyectar sino por la persona que realmente es. ¿Fracasado y limitado? Sí. ¿Con necesidad de crecer? Sí. Qué libertad cuando él descubre que la imperfección es la condición de todos nosotros en esta vida y que podemos amar y ser amados de todos modos. Las voces del pasado que fueran interpretadas a través de una perspectiva infantil, pueden verse por lo que eran: la imperfección de otra persona apuntada hacia nosotros. Liberado de sí mismo, sin necesidad de esconderse y protegerse, el hombre se vuelve libre para llegar más de sí mismo a los demás y nace un nuevo día.

Dios nos ha puesto juntos en una manera sumamente preciosa y llena de sentido.

Algo para pensar

- Explica el contexto de 1 Pedro 3:1. ¿Qué se está diciendo realmente ahí?
- Describe el sometimiento verdadero.
- ¿Qué es esencial para nuestra madurez emocional (y espiritual)?

8

Desenmascarando al acusador

*El acusador de nuestros hermanos
ha sido arrojado.*

Apocalipsis 12:10

La sala de juegos estaba llena de actividad. Carlos y su amiguita María, ambos de cuatro años de edad, estaban instalando una casa, muy entusiasmados, en una gran caja de cartón de un aparato electrodoméstico recientemente comprado.

María estaba muy ocupada haciendo todo lo que hacen las esposas. Ella ordenaba el mobiliario, cerciorándose de que la mesa y las sillas de tamaño pequeño, fueran las apropiadas. Ella estaba preparando arvejas y papas de plástico para el almuerzo mientras que, al mismo tiempo, se aseguraba de que todos los bebés muñecas estuvieran felices y bien atendidas. "Vengan y coman", llamaba desde la ventana cortada en el cartón.

Sin embargo, Carlos no tenía la comida en su mente. Él tenía cosas "de hombre" más importantes que hacer. Él se había puesto su capa de Batman y estaba saltando desde el sofá de la sala de juego, matando a los enemigos imaginarios que trataban de invadir su hogar. Él "volaba" por toda la casa, entrando por la ventana y saliendo por la puerta. Se detenía lo suficiente para dar unos pocos golpes rápidos de karate a la parte de arriba del techo de la casa de juguete. Ciertamente que cualquier esposa se impresionaría mucho con esas hazañas. Aunque evidentemente no era así en este caso.

Pronto, la madre de Carlos pudo oír el primer alegato tentativo de María: "¿Marido?" Entonces, con más énfasis, "¡Marido!". Aún no intimidado, Carlos no dada señales de detenerse. Finalmente, el enojo de ella iba en aumento y estaba claramente irritada, ella exclamó: "¡Marido! ¡Marido! ¡No lo estás haciendo bien!"

Cuando mi amiga me relató esto, no pude evitar pensar cuán pronto se instalan las expectativas y cuán abundantes son las oportunidades de escuchar en nuestro corazón: *¡No lo estás haciendo bien!*

¿Últimamente has verificado tu identidad?

Aun a la tierna edad de cuatro años, algo de la acusación parece irse directo a nuestros corazones. Las palabras, palabras dichas por padres, profesores, amigos y hasta extraños, empiezan a formar una imagen de quién somos en nuestros corazones.

A veces los mensajes no son palabras. Son sólo miradas de reprobación, disgusto y hasta rechazo. O son mensajes que tocan: inapropiados como la bofetada, los golpes o el abuso sexual.

A veces los mensajes derivan de lo *no está* ahí, no hay palabras mi miradas ni toques. A veces es sólo la desgarradora ausencia de educación y atención de uno o ambos de los dadores de cuidado clave de nuestras vidas, por medio del abandono físico o emocional. La interpretación automática de este mensaje por ausencia es que somos indignos del amor y atención de otra persona.

Entonces, está el mensaje de nuestra cultura, los estándares de aceptabilidad comunicados bien fuerte e incesantemente, día tras día, por los medios de comunicación a las masas: televisión, revistas, periódicos. "Así es como debes lucir: delgado e inteligente". "Esto es lo que debes tener: ropa a la última moda, el automóvil nuevo, el hogar decorado con todo gusto".

Los psicólogos dicen que cuando llegamos a nuestros años adolescentes, cada uno de nosotros ha formado, en la mayor parte, sus creencias basados en nosotros mismos. Para entonces, basados en nuestra interpretación de los mensajes circundantes, hemos decidido si "estamos a la altura de" y nuestra identidad personal está generalmente bien firme en su lugar. Ahora esto es "quiénes somos" y para muchos esa evaluación nunca volverá a ser cuestionada. Toda nueva información será procesada por medio de ese sistema de creencias y sencillamente cementará los ya "sabemos".

Es normal formar imágenes de uno mismo de los mensajes que recibimos de nuestro ambiente. Dios lo concibió para que fuera de ese modo: que quienes somos sea reflejado por los demás que hay en nuestras vidas, afirmado y confirmado por ellos. Dios concibió que nos comunicáramos unos a otros la verdad de Dios sobre nosotros, "su propia edificación en amor" (Efesios 4:16).

En el mundo que Dios planeó, perfecto y sin caer, todas las voces de nuestras vidas hubieran sido positivas, pero hoy nosotros no vivimos en un mundo así. Nuestro mundo está roto, lleno de gente deshecha, que se desquita de su quebrantamiento en los demás. Nosotros interpretamos la vida por medio de nuestras mentes quebrantadas.

Aquellos que han tenido padres considerados que los amaron, sin duda, son afortunados. Quizá el daño no sea tan profundo en aquellos así bendecidos. Sin embargo, los padres no son las únicas voces de nuestras vidas y, a veces, en algunos niños, las otras voces son más fuertes. Como resultado, para muchos (si es que no la mayoría) de nosotros, el cuadro interno que nos formamos de nosotros mismos ha sido gravemente distorsionado. Pero todos nuestros patrones de conducta, nuestras maneras de relacionarnos con los demás, hasta nuestra manera de relacionarnos con Dios se basará en este retrato formado tempranamente en nuestras vidas.

El ladrón de la intimidad

Hace su entrada a escena el experto maestro, el "acusador de los hermanos", cuyo trabajo principal es robar, matar y destruir por medio del engaño aquello que Dios ha creado para satisfacer su propio corazón: una familia que se relacionara íntimamente con Él y el prójimo.

Él vino temprano a nuestra vida y viene deliberadamente. Siendo una criatura despojada de honor, su intento es invalidarnos en nuestra juventud, cuando somos más vulnerables, más inseguros y, por eso, más susceptibles a sus mentiras. Él sabe que si puede distorsionar el cuadro, nos rechazaremos automáticamente, nos esconderemos y nunca llegaremos a ser el pueblo transparente y auténtico que Dios nos hizo.

La *Spirit Filled Life Bible* (La Biblia de la Vida Llena del Espíritu) define a Satanás como "uno que se opone, el opositor; el aborrecedor, el acusador, el adversario, el enemigo; el que resiste, obstruye y estorba todo lo que es bueno".[1]

Apocalipsis 12:9 lo llama "el gran dragón, la serpiente antigua que se llama el diablo y Satanás, el cual engaña al mundo entero". Su otro nombre, "diablo" describe sus acciones calumniadoras más específicamente. La palabra "diablo" (diabolos) viene del verbo *diaballo*, que significa "difamar, calumniar, acusar falsamente".[2]

Recuerda que en el capítulo 5, dijimos que la meta de Satanás al hacer que Adán y Eva dieran la espalda al árbol de la vida volviéndose al árbol del conocimiento del bien y del mal, era incitarlos a vivir por su propia vida en lugar de la vida de Dios. Él sabía que si podía volverlos a ellos mismos, no tendrían poder contra él y él estaría a salvo. Sólo cuando se enfocaran en Dios y vivieran por Su vida, ellos podrían cumplir los propósitos de Dios y ser peligro para Satanás.

Aunque estemos al otro lado de la redención, Satanás usa la misma táctica. Si no puede robarnos nuestra salvación, sabe que puede invalidarnos para los propósitos de Dios si nuevamente puede hacer que nos enfoquemos en nosotros mismos.

Génesis 3:1 nos dice que la serpiente "era más astuta que cualquiera de los animales del campo". Cuando vino a tenderle la trampa a Eva señalando que el fruto del árbol prohibido del conocimiento la haría ser "como Dios, conociendo el bien y el mal" (v.5), implicaba que Dios no le había dado todo lo que ella necesitaría para esta vida. Ella necesitaba algo más para satisfacer lo que le faltaba.

En esencia, la serpiente decía: "Para ser satisfecha y tener éxito en la vida, necesitas ser más de lo que eres. Alguien más es más elevado y más grande que tú, y esto no es aceptable. Esto significa que eres deficiente. El Dios que te hizo no es confiable como para que te haga suficiente. El árbol de la vida, la vida de Dios, es insuficiente para la tarea. Lo que necesitas es algo del mundo, del árbol del conocimiento del bien y el mal, para hacerte suficiente".

El mensaje de Satanás fue:

Tú no eres suficiente.

Dios no es suficiente para hacerte suficiente a ti.

Tú necesitas algo del mundo para que te haga suficiente.[3]

Una de las tácticas más efectivas de Satanás es mezclar la verdad con sus mentiras. Lo primero que dijo era verdad y algo que hay en cada uno de nosotros lo sabe. No somos suficientes por nosotros mismos. Las otras dos ideas eran puras mentiras. Sin embargo, Satanás sabía que si lograba que Eva captara la implicación de que ella necesitaba ser más, de que había sido estafada de alguna manera, él podría tentarla para que actuara por cuenta propia.

La intención de Satanás era convencer a Eva de que ella era el jugador importante del programa y, en su mente, esto incluyó probablemente a Adán. Puede que ella haya pensado: *Quizá la serpiente tenga razón. Quizá lo que Dios ha planeado realizar depende de nosotros y de nuestra suficiencia, en alguna cosa buena o en algún poder dentro de nosotros.* Eva creyó la mentira. Ella usó sus propias manos para compensar la deficiencia que percibió que había en ella. Pronto la siguió Adán. Todos conocemos los drásticos resultados. Creyendo la mentira, enfocándose en sí mismos, se rompió el puente entre ellos y su verdadera Fuente de Vida.

Ahora, totalmente dependientes de sí mismos, lo que había sido solamente una deficiencia percibida se volvió verdadera ¡estaban desnudos!, ¡estaban expuestos!, ¡corrían el peligro de ser rechazados y abandonados para siempre! La vergüenza era demasiada. No sólo estaban ahora avergonzados ante Dios sino también uno frente al otro. Corrieron a confeccionarse algo con qu

0 taparse, usando sus propias manos para esconder su desnudez, cubiertas que nunca les podrían dar el sentido de inocencia y aceptación que una vez conocieron. En última instancia, se escondieron entre los árboles.

Este intento de compensar su deficiencia percibida por medio de sus propios esfuerzos fue el precursor de todo pecado, todo odio, todo asesinato, todo interés propio, todo esconderse que hoy está presente en el mundo.

Dos clases de vergüenza

La Biblia llama vergüenza a esta sensación de miedo de ser hallado desnudo, expuesto y por último abandonado. Apocalipsis 3:17,18 dice:

Eres un miserable y digno de lástima, y pobre, ciego y desnudo, te aconsejo que de mí compres oro refinado por fuego para que te hagas rico, y vestiduras blancas para que te vistas y no se manifieste la vergüenza de tu desnudez, y colirio para ungir tus ojos para que puedas ver.

Dios, en su gracia, nos permite sentir la emoción terrible de la vergüenza para que estemos alerta ante nuestra condición pecadora y vayamos a Él en pos de misericordia, perdón y algo para cubrir nuestra desnudez. La única cobertura efectiva, la única suficiente para tapar toda transgresión es la ropa blanca de la justicia de Cristo comprada para nosotros con su sangre derramada en la cruz del calvario.

Sin embargo, hay otra clase de vergüenza que es aquella sentida igual que la legítima. También nos hace sentir miedo de que sea expuesta nuestra deficiencia; que seamos hallados desnudos y, por tanto, rechazados y abandonados en última instancia. Esta es una "vergüenza falsa", precursora del pecado. Esta es la trampa que Satanás tendió a Eva en el huerto. Si él la podía convencer de que la manera en que Dios la hizo era deficiente y defectuosa, que esta vida era de ella y de lo que ella podría producir, ella se enfocaría en sí misma y miraría a sí misma para compensar la deficiencia. A su vez, esto la alejaría de la verdadera fuente de su vida, haciéndola pecar y experimentar la verdadera vergüenza.

Satanás usa esta misma táctica ahora y es la causa de todo el desastre del mundo. Los cristianos no están exentos de ello. Probablemente sean su blanco más específico. Satanás vino a Eva con esta mentira antes de la Caída, antes que hubiera pecado y después que nuestros pecados son perdonados, viene a nosotros contándonos la misma mentira.

Poco después de que empiece a desvanecerse el primer sonrojo maravilloso de nuestra salvación, quizá este proceso sea realmente la *causa* de que se desvanezca, nosotros empezamos de nuevo a mirar a nuestro alrededor, para ver cómo "nos elevamos a la altura de". "Mira", susurra el enemigo "todavía no lo tienes". Otros cristianos se ven mejor, oran mejor, hablan mejor, entienden mejor la Biblia. Tienen más victoria sobre sus pecados. Todos sus hijos se portan bien y sirven al Señor. La sangre de Jesús puede llevarte al cielo pero aquí "No, aún no eres suficiente".

El enfoque en sí mismo se renueva vigoroso. Todos los viejos instintos de autoprotección que funcionaron en el mundo, se echan a andar de nuevo. Sólo los presentamos mejor poniéndolos dentro de "ropa de iglesia". El propósito de ellos sigue siendo el mismo, a saber, mantener a distancia a la gente para que no descubran la "verdad" terrible y penosa de nosotros: ¡que seguimos siendo insuficientes!

El mensaje de la vergüenza falsa no está conectado a cosas pecadoras que hayamos hecho. Es una acusación sobre quiénes somos en el núcleo de nuestro ser: estamos llenos de faltas, somos deficientes, inaceptables, carentes de todo lo que se necesita para que la vida funcione. Con ello va también la creencia de que los demás *sí* lo tienen todo bien armado, que se las han arreglado para averiguarlo, que tienen lo que hace falta. Uno puede oír el fatalismo en las palabras de Keith Miller cuando describe esta lucha de su propia vida: "Era como si todos los demás hubieran recibido un manual de cómo llevarse bien y ser amado y sentirse como en casa en la vida", escribe, "y yo no lo tuviera".[4]

Jugando a las escondidas

Así pues el juego se vuelve un ¿qué puedo hacer para impedir que los demás descubran mi terrible secreto? Hacemos lo mismo que Adán y Eva cuando creyeron la mentira. Tratamos de compensar la deficiencia con nuestra propia sabiduría. Mientras más tratamos, más nos damos cuenta de lo inadecuados que son nuestros esfuerzos. Nos ponemos más temerosos, más asustados de que nuestra desnudez quede al descubierto.

Mientras más envejecemos, tenemos más recursos para "cubrirnos" mejor. Ahora, afilamos finamente las estrategias instintivas autoprotectoras que desarrollamos antes en la vida para camuflar la carencia que percibimos.

Nos vestimos mejor, manejamos un automóvil mejor, desempeñamos mejor el juego del hablar, nos ponemos más simpáticos (o más malos y más controladores si eso sirve para nuestro propósito). Nos incorporamos a más comités, servimos en los directorios correctos, obtenemos más títulos, trabajamos más fuerte, tratamos de juntar más dinero. O dejamos todo: nos emborrachamos, usamos drogas, comemos en exceso, nos deprimimos o vegetamos frente al televisor. Una cosa es cierta: nunca le decimos a nadie lo que realmente nos pasa por dentro.

Nada de eso produce el descanso y aceptación que andamos buscando. En última instancia, como los israelitas que también miraron al mundo (Egipto) para su providencia, descubrimos que "la cama es muy corta para estirarse en ella, y la manta muy estrecha para envolverse en ella" [todas las fuentes de confianza de ellos les fallarán] (Isaías 28:20).

Este conocimiento no nos hace rendirnos pese a todo. En cambio, sólo nos hace trabajar más fuerte para apuntalar nuestro escondite.

Todo los lastres que traemos

Muchos traemos esta mentalidad distorsionada, centrada en nosotros mismos y un concepto erróneo de nosotros mismos dentro de nuestras relaciones y quizás en la más significativa, en la relación matrimonial, acompañada de las máscaras correspondientes. Esta percepción hace que "el yo interior" se quede oculto cueste lo que cueste.

Si somos afortunados Dios permitirá, y quizá hasta prepare que pasen cosas en nuestras vidas que, en última instancia, nos fuercen a una crisis tan grave que todas nuestras defensas vitalicias cuidadosamente erigidas, empiecen a derrumbarse. Alguien dijo: "Cambiaremos cuando el dolor de seguir siendo iguales se vuelva más grande que el dolor de cambiar".

Esto es lo que nos pasó a Howard, mi esposo, y a mí.

En mi primer libro *Inside a Woman* (Adentro de una mujer) yo describí algunas circunstancias de mi vida que habían influido en la opinión que me había formado de mí misma. Mis padres eran maravillosos pero demasiado ocupados. Mi padre era pastor; mi madre tuvo todos los deberes incesantes de la esposa del pastor. La generación de ellos no tenía tanta conciencia como nosotros ahora de la importancia vital que tiene la intimidad y la comunicación para una familia.

Yo interpreté la falta de tiempo y el poco afecto que me mostraban como una declaración negativa de mi valor y aceptabilidad. (Satanás usará lo que pueda.) Desarrollé máscaras de perfeccionismo en muchos aspectos de mi vida. Traté muy duro de ser la mejor en todo: la supermamá, la mejor esposa y la dueña de casa perfecta, entre otras cosas. Esperaba que si podía hacer suficientemente bien lo que hacía, nadie advertiría las muchas otras fallas que estaba tan segura de tener.

Howard fue un niño crónicamente enfermo debido a las alergias y problemas de sinusitis. Era regordete de niño y, aunque adelgazó después, en la secundaria, y sintió que algo había logrado cuando jugó tennis bien, para entonces ya estaba instalado el sentimiento de inaceptabilidad.

También él fue criado en la casa de un pastor. En aquella época, muchos pastores aprendían que sus ministerios eran primero. Las necesidades de la iglesia tenían prioridad sobre la familia. Se mudaron mucho: cosa particularmente difícil para Howard que era muy tímido. Criado durante la gran depresión económica de los 30, el dinero era escaso. Ser pobre se agregó sencillamente a su ya baja autoestima.

Como yo, Howard también tenía sus máscaras para impedir que el mundo supiera qué persona tan inaceptable y aterrorizada vivía dentro de ese cuerpo suyo que parecía normal.

Él se hubiera relacionado bien con Don Hudson, el coautor de *The Silence of Adam*, que escribe: "Durante años aparentaba que era competente aunque estaba jugando un juego. En mi pasado había circunstancias devastadoras que me decían que yo era deficiente. Sin embargo, reconocer esa deficiencia significaba la muerte para mí. Aunque me sentía inadecuado en todo, me componía un frente competente. Era un niñito dentro del traje de un hombre.[5]

Howard hubiera podido escribir eso. Él parecía ser feliz y amistoso. Tenía grandes destrezas verbales. Podía mantener interesado a su auditorio con casi cualquier tema (y con frecuencia, llevaba la delantera). Cuando nos conocimos él parecía tener "agarrado al mundo por la cola". Me sentí instintivamente atraída por su aire de confianza, especialmente porque yo tenía tan poca confianza en mí. Quizá él tuviera suficiente para los dos.

Más tarde descubriríamos que cada uno se había casado con una máscara, con las imágenes que queríamos proyectar para ser aceptables. Sin duda que, por debajo, algo de nosotros nos había atraído juntándonos y algo amábamos, pero las máscaras eran fuertes y estaban firmemente colocadas en su lugar. Eran tan fuertes que amenazaron con destruir nuestro matrimonio.

Como los hombres que mencionamos en el capítulo anterior, cada vez que yo, u otras personas, tratábamos de acercarnos a Howard, él bajaba una cortina de humo de intimidación e ira para mantenernos alejados. Como resultado, para él era imposible intimar y relacionarse.

Proverbios 18:19 describe vívidamente su lucha cuando dice:

El hermano ofendido es más difícil de ganar que una ciudad fortificada, y las contiendas [peleas, discordia] son como cerrojos de castillo.[6] *Uno que fue ofendido (eso nos incluye a la mayoría) edifica un escondite firme muy fortificado. La persona es como una ciudad que tiene muros inexpugnables, específicamente construidos para impedir que entren los intrusos. Las contiendas de la persona (discusiones, rabia, discordias) son como las rejas de un castillo, tácticas agregadas que aseguran que nadie entre a ese lugar interior, el "castillo" donde ella o él vive. Trágicamente las defensas impenetrables que la persona haya erigido, las máscaras que tan cuidadosamente diseñó para protegerse, también le encarcelan.*

Esto describe muy bien a Howard, y a muchos como él. En su mente la vida dependía de impedir que la gente se le acercara demasiado. Si realmente sabían quién era él: lleno de faltas, deficiente, inaceptable, ciertamente todos se irían y él viviría aislado por siempre. Él no sabía que ya estaba viviendo aislado: profundo aislamiento interior.

En cuanto a mí, mi necesidad de perfección se veía extremadamente amenazada por este matrimonio imperfecto. Me preocupaba más con el "ideal" que con lo real. Sólo podía pensar en mí misma. Este matrimonio: la rabia de Howard y el alejamiento alternado, eran un reflejo mío y de mi valor. No tenía la habilidad para entender el miedo contra el cual luchaba Howard porque no entendía el mío.

Interesante es que la parábola del siervo que no perdona, Mateo 18, el primer siervo rogara al rey que le diera más tiempo para pagar su deuda. Aunque debía diez millones, aún confiaba que si tuviera suficiente tiempo, aun con el sueldo de siervo, podría reunir los fondos suficientes para pagar. No tenía idea de su total bancarrota. Muy posiblemente esta confianza en su propia habilidad de poder pagar finalmente, le aseguraba que su colega siervo podría pagar también, si sólo trataba con bastante fuerza.

Irónicamente el segundo siervo también creyó que él podría pagar; que si le daban el tiempo necesario, también él se volvería competente. Ninguno vio su incapacidad total para pagar la deuda (vivir y amar perfectamente), por tanto, ninguno pidió perdón. Ellos sólo pidieron más tiempo. La confianza en sí mismo seguía intacta. Como resultado, ambos terminaron en su prisión egocéntrica y enfocada en sí mismos. Hostiles y aislados uno de otro, su capacidad de ganar disminuyó más aún, estando condenados al fracaso continuo y repetido.

Esto nos describe a Howard y a mí. Aunque yo era una cristiana nacida de nuevo llena del Espíritu, aún seguí atrapada en mi propio desempeño, convencida de que todo mi esfuerzo me haría aceptable finalmente. Estaba segura de que Howard podría hacer lo mismo, sólo que él no se esforzaba lo suficiente. Más rabia y más fracaso fueron siempre el resultado inevitable.

El desamor

Nancy Groom en su libro *Marriage Without Masks* (Matrimonio sin máscaras) llama "desamor" a todo ese esfuerzo interesado en uno mismo. Es un propósito oculto "no amar sino ser amado".

> (Debemos) arrepentirnos de nuestras estrategias pecaminosas de desamor autoprotector hacia nuestros cónyuges (pero primero) debemos reconocer que *nuestra autosuficiencia es la raíz del pecado* que exige nuestro arrepentimiento.

Será imposible arrepentirnos verdaderamente de nuestro fracaso tocante al segundo mandamiento (amar al prójimo como a nosotros mismos) si primero no nos arrepentimos de nuestro fracaso tocante al primero (amar a Dios por sobre todo lo demás y confiar en Él). Debemos abandonarnos totalmente al Padre y reconocer diariamente que la vida espiritual se encuentra sólo en Él.

El arrepentimiento comprende dos cosas: reconocer el propósito pecador de nuestras vidas (permanecer fuera del dolor protegiéndonos como podamos) y abrazar un nuevo propósito (confiar totalmente en Dios para nuestras vidas interiores dejando caer nuestra autoprotección y moviéndonos abiertamente hacia nuestros cónyuges conforme a sus necesidades legítimas). Debemos hacer esto sin armarnos de excusas por nuestro fracaso para amar...

El arrepentimiento genuino admite la naturaleza profunda y pecadora de nuestro dedicado compromiso con la autosuficiencia y, de ese modo, no confía en el desempeño futuro para compensar por la autoprotección pecadora del pasado. Debemos reconocer con candor firme los propósitos mal dirigidos y el arraigo obstinado de nuestras estrategias para permanecer a salvo en nuestras relaciones matrimoniales... y proponernos vivir cada vez más sin autoprotegernos, confiando en Dios solo para proteger nuestras vidas interiores del desastre (énfasis añadido).[7]

Al morir vivimos

¿Cuál es nuestra respuesta entonces? ¿Qué hacemos con esta aterradora sensación de insuficiencia e incompetencia que ha sido nuestra compañera constante por tantos años? ¿Encontraremos nuestra liberación pegando "afirmaciones positivas de una misma" en el espejo del baño, esperando que si las decimos con bastante frecuencia, finalmente las creeremos?

No. La verdadera libertad viene cuando admitimos simplemente que somos insuficientes e inadecuados en realidad, que siempre lo fuimos, que lo somos ahora y que siempre lo seremos. Para citar otra vez a Don Hudson, *The Silence of Adam*, "Admitir esa insuficiencia significó la muerte para mí". ¡Exactamente! Eso es justamente lo que anda buscando Dios. Él quiere llevarnos al lugar donde muramos a nosotros mismos, a todos nuestros viejos modos de relacionarnos con nosotros mismos, de depender de nosotros mismos y de ser suficientes para nosotros mismos, todo lo cual se suma en la exaltación o enaltecimiento de una misma (si yo puedo ser suficiente para mí misma, entonces puedo tener algo de la gloria).

Jesús vino a traer este modo de liberación.

> *Si alguno quiere venir en pos de mí, niéguese a sí mismo, tome su cruz cada día y sígame, porque el que quiera salvar su vida, la perderá, pero el que pierda su vida por causa de mí, ése la salvará.*

> Lucas 9:23,24

Esta verdad fue el secreto de la vida y del ministerio de Pablo.

> *Porque nosotros que vivimos, constantemente estamos siendo entregados a muerte por causa de Jesús, para que también la vida de Jesús se manifieste en nuestro cuerpo mortal.*

> 2 Corintios 4:11

El mensaje que hizo tropezar a Eva no era sencillamente que ella era insuficiente sino también su propia interpretación de que, como tal, su condición tenía faltas y era inaceptable.

La verdad es que la debilidad y la insuficiencia son parte de nuestro diseño, componentes primarios de lo que significa ser humano. Insuficientes en nosotros mismos, estamos perfectamente diseñados para ser vasos llenos de Dios, para vivir y amar de Su vida, y, por ello, cumplir sus propósitos en la tierra. "Pero tenemos este tesoro en vasos de barro, para que la extraordinaria grandeza del poder sea de Dios y no de nosotros" (versículo 7), como instruyó Pablo.

Solamente la vida de Dios en nosotros ha sido y será siempre aceptable para Él. Al cesar nuestro esfuerzo y confiar humildemente todo a Él, su vida será liberada por medio de nosotros. Liberados de nuestras estrategias y máscaras, nuestros yo auténticos, quienes realmente somos en el Señor, empezarán a surgir. El desbordamiento automático será liberar a otras personas que nos rodeen. Solamente entonces puede tener lugar la verdadera intimidad. Habrá reconciliación. La fractura del cimiento de la casa del Señor empezará a remendarse, y el edificio se levantará a nuevas alturas.

Verdaderamente Dios está haciéndonos de nuevo, hombre y mujer, conforme a su diseño original.

Algo para pensar

- Explica cómo nos formamos la identidad (lo que pensamos de nosotras mismas.
- ¿Cuál es el mensaje de la vergüenza? ¿Cuál parte es cierta? ¿Cuál parte es mentira?
- Cuando creemos el mensaje de la vergüenza ¿cómo respondemos?

9

¿Trampa, cadenas o corona?

> *Dirigí mi corazón a conocer, a investigar y a buscar la sabiduría y la razón; y a reconocer la maldad de la insensatez, y la necedad de la locura. Y hallé más amarga que la muerte a la mujer cuyo corazón es lazos y redes, cuyas manos son cadenas.*
>
> Eclesiastés 7:25,26

S alomón fue un hombre que "amaba al SEÑOR, andando en los estatutos de su padre David" (1 Reyes 3:3). Su sabiduría "sobrepasó la sabiduría de todos los hijos del oriente y toda la sabiduría de Egipto" (4:30), así que, en definitiva, "el rey Salomón llegó a ser más grande que todos los reyes de la tierra en riqueza y sabiduría" (10:23).

Pero esta asombrosa sabiduría empezó cuando él suplicó humildemente a Dios, cuando era un joven recientemente ungido como rey, "soy un muchacho y no sé cómo salir ni entrar. Da, pues, a tu siervo un corazón con entendimiento para juzgar a tu pueblo y para discernir entre el bien y el mal" (3:7,9).

El pedido de Salomón agradó a Dios que respondió otorgando grandes bendiciones:

He aquí, he hecho conforme a tus palabras. He aquí, te he dado un corazón sabio y entendido, de modo que no ha habido ninguno como tú antes de ti, ni se levantará ninguno como tú después de ti. También te he dado lo que no has pedido, tanto riquezas como gloria, de modo que no habrá entre los reyes ninguno como tú en todos tus días.

(3:12,13; vea también 10,11).

Obviamente Salomón reconoció al Dios de su padre David como su Dios. Al comenzar su reinado es evidente que el deseo de su corazón era gobernar justamente y bien. Pero varios capítulos después leemos: "Y el SEÑOR se enojó con Salomón porque su corazón se había apartado del SEÑOR Dios de Israel." Tan enojado estaba Dios que anunció: "ciertamente arrancaré el reino de ti, y lo daré a tu siervo (11:9,11).

¿Cómo pudo ser que un comienzo tan humilde y sabio saliera tan horriblemente mal?

La influencia de las mujeres

Pero el rey Salomón, además de la hija de Faraón, amó a muchas mujeres extranjeras, (idólatras), de las naciones acerca de las cuales el SEÑOR había dicho a los hijos de Israel: No os uniréis a ellas, ni ellas se unirán a vosotros, porque ciertamente desviarán vuestro corazón tras sus dioses. Pero Salomón se apegó a ellas con amor.... sus mujeres desviaron su corazón tras otros dioses, y su corazón no estuvo dedicado por entero al SEÑOR su Dios.

(11:1,2,4)

Herbert Lockyer, autor de *All the Women of the Bible* (Todas las mujeres de la Biblia), observa que,

> No ha vivido ningún hombre que haya tenido tanta experiencia con las mujeres como el rey Salomón, que "amó a muchas mujeres extranjeras". Habiendo tenido 700 esposas, princesas, y 300 concubinas, todas las cuales fueron evidentemente idólatras, podemos entender fácilmente cómo ellas desviaron su corazón de Dios. Fue debido al tremendo adulterio e idolatría de Salomón que el reino que él elevó a alturas tan ilustres, fue tan trágicamente partido en dos. No sorprenda, entonces, que Salomón tenga mucho que decir sobre los vicios y las virtudes de las mujeres como lo hace en el libro de los Proverbios.[1]

El rey Salomón, el hombre más sabio del mundo, cayó en la ruina espitirual por sus matrimonios con mujeres idólatras. El tenía otros pecados, pero a nosotros se nos ha dicho que fue éste: su amor por las mejeres impías que apartaron su corazón del Señor.

El libro de los Proverbios deja muy claro que Dios ha dado a la mujer un lugar de influencia tremenda. Ella fue llamada "ayuda idónea" desde su comienzo y, como tal, Dios mandó al hombre que se "uniera" a ella.

Dios tenía la intención de que se sintiera la influencia [de la mujer] pero Dios quería que la influencia fuera para "el bien y no el mal" (Proverbios 31:12). Ella iba a ser una ayuda "como al Señor" (Efesios 5:22). Pero aquí, nuevamente, podemos ver los estragos del malvado plan de Satanás en todo lo que nos rodea.

¿Bueno o malo?

¿Qué es bueno? Bueno es lo que procede de Dios. Lo malo es cualquier cosa que proceda de otra fuente, sin que importe cuán "bueno" parezca. El final definitivo es la muerte.

En el capítulo 3 manifesté "como fue el primer pecado, así serán todos los pecados después... en cada pecado podemos ver al 'yo' obrando. El yo es el mayor enemigo de Dios".

Una mujer que influye para el mal puede no corresponder necesariamente al cuadro de aquellos que normalmente describiríamos como malos. Puede que no sea una considerada de "moral laxa". Puede que no beba alcohol, ni fume, ni ande acostándose con todos o gastando neciamente. Sencillamente puede ser una dedicada a sus propias necesidades, su propio camino y a la satisfacción de su propio yo. Esta autodedicación afectará profundamente la manera en que se relacione con los hombres porque ella los buscará para sus propósitos egoístas, para hacer progresar su propio propósito (lo que antes llamamos "el deseo de la mujer"). Este egocentrismo es una forma de idolatría; realmente es "egolatría" o "adoración de una misma". Dios dice que eso es "malo".

Salomón describe a esta clase de mujer en nuestro pasaje bíblico inicial de Eclesiastés 7:25,26:

> *Dirigí mi corazón a conocer, a investigar y a buscar la sabiduría y la razón; y a reconocer la maldad de la insensatez, y la necedad de la locura. Y hallé más amarga que la muerte a la mujer cuyo corazón es lazos y redes, cuyas manos son cadenas.*

Al dedicar Salomón su corazón a buscar la sabiduría, su entendimiento se fue aclarando y con la claridad llegó una pena profunda que se asemeja a la "amargura de la muerte". Él dijo que el corazón de una mujer mala es "lazos y redes, cuyas manos son cadenas" por aquella que lo sedujo para que entrara a su guarida. Herbert Lockyer dice en *All the Women of the Bible* que Salomón se dio cuenta de que las mujeres que lo habían seducido desviándolo de Dios eran "más amargas que la muerte".[2]

Salomón conoció de primera mano la verdad expresada en Proverbios 6:32, de que un hombre que entabla relaciones adúlteras, "no tiene entendimiento; destruye su alma el que lo hace". Esto no significa que Salomón perdiera su lugar en la eternidad sino que su efectividad aquí en la tierra, especialmente en lo referido al reino de Dios, fue sumamente disminuida.

La mujer mala

¿Qué define a una mujer mala? En la Escritura es llamada "ramera" (prostituta). A los ojos de Dios la prostitución no se limita a la promiscuidad sexual sino que simboliza el adulterio espiritual, a alguien cuyo corazón se ha desviado de Dios y que busca satisfacción aparte de Su vida y caminos. Algunas características de tal tipo de mujer están en los Proverbios, como sigue:

- Es mujer que adula con sus palabras (7:21).
- Usa el sexo para manipular y atraer al hombre (versículos 16-18).
- Depende de su aspecto físico (ropa) para atraer pero es "astuta de corazón" (sutil, oculta, furtiva)[3] (ver versículo 10). (Da su cuerpo pero mantiene oculto y furtivo su corazón).
- Es "alborotadora y rebelde, sus pies no permanecen en casa" (versículo 11).
- Cuando su marido no está "en casa" (podemos interpretar esto a nivel físico, emocional o espiritual) ella busca otros "amantes" (gente, métodos o estrategias) para satisfacer sus deseos (versículos 18,19).

- "Sus senderos son inestables" de modo que no puede ser conocida (5:6).

Ella hace todo esto para cumplir su propio propósito, para satisfacer su propia necesidad de establecer su valor propio (la mala clase), para ser amada, hallada aceptable y deseable. Esta es la mujer que influye para mal.

La mujer buena

Si eres como yo, al leer la lista anterior, tu mente se precipitó de inmediato a la mujer mencionada en 1 Pedro 3, a quien describimos antes en este libro. Estas características se oponen directamente a la conducta que Pedro exhorta para la mujer buena. Basada en lo que aprendimos en el capítulo 7 sobre la mujer buena. ¿Qué podemos decir aquí de ella?

- Ella es una mujer que es responsable con sus palabras. No halaga mentirosamente ni hiere vengadoramente con sus palabras. Dice la verdad con amor (ver 1 Pedro 3:1).
- No depende de su ropa (atractivo sexual) para atraer o manipular al hombre (versículo 3).
- No tiene un corazón oculto y furtivo sino que, más bien, está *adornada* con "el yo interior". Ella acompaña su intimidad sexual con la intimidad emocional. Ella no usa la relación sexual para "castigar" al marido ni lo hace para "apaciguar" a su esposo. Confiando en Dios ella pasa a través de su miedo al rechazo y obra para resolver los asuntos reales (versículos 4-6).
- Antes de ser alborotadora y rebelde, corriendo de aquí para allá, su corazón está comprometido con su esposo y su familia. Ella es amable y adecuadamente sumisa a su propio marido, sabiendo que el destino de ellos es juntos (versículos 1,4,7,).

- Ve más allá de sus propios deseos de satisfacción considerando el plan y propósito de Dios para ella como mujer. Aunque se decepcione, buscará la fuerza y el amor de Dios para continuar invirtiendo en su marido e hijos (versículos 1-6).
- Al contrario de ser inestable, ella es estable, imperturbable, de espíritu "sereno".[4] Ella sabe quien es en el Señor; por tanto, es capaz de ser conocida por los demás (versículos 4,5).

Esta es la mujer que influye para bien. Su disposición para ser abierta y honesta con su marido (adornarse con el yo interior) es a ojos de Dios "muy precioso". La ayuda de esta mujer es "como al Señor" para avanzar Su reino, no el de ella.

Vieja demasiado pronto, inteligente demasiado tarde

Sólo podemos preguntarnos si Salomón (el autor de Proverbios 31) aprendió las lecciones que el rey Lemuel aprendió de su madre. Si las aprendió, las aprendió muy tarde. Considera la descripción de la mujer virtuosa de Proverbios 31. Sólo veremos algo de esto aquí:

Mujer hacendosa, ¿quién la hallará? Su valor supera en mucho al de las joyas.

(versículo 10)

Este versículo nos habla de que el valor de tal mujer es más grande que cualquier cosa que valoremos en esta vida. Las piedras y los metales preciosos son una de las maneras en que el mundo mide la riqueza. Se dice aquí que el valor de la mujer virtuosa (hacendosa) está muy por encima de la preciosidad de las joyas.

En ella confía el corazón de su marido, y no carecerá de ganancias.

(versículo 11)

Qué tremenda declaración en relación con la bendición de esta unión. La Escritura habla frecuentemente de poner nuestra confianza sólo en Dios: "Confiad en Él en todo tiempo, oh pueblo; derramad vuestro corazón delante de Él; Dios es nuestro refugio" (Salmo 62:8).

Pero aquí en Proverbios se nos dice que el hombre que ha encontrado una esposa buena puede también confiar a salvo su corazón a ella. "Confiar a salvo" significa "correr a refugiarse, tener confianza o estar confiado y seguro o a salvo, un lugar de seguridad".[5]

Como ya comentamos, el corazón denota "pensamiento, sentimiento, mente, medio". Es el receso más profundo e interior de nosotros mismos, el lugar donde habita la persona real. La mujer que ha hallado su valor, su propósito y seguridad en Cristo, se volverá puerto seguro para su marido mientras él hace el mismo viaje. Aceptando y compartiendo su propia insuficiencia ella puede liberar a su marido para admitir la suya. Él no tendrá temor de contarle su miedo a la debilidad y al fracaso.

Sacar estas cosas a la luz es un paso de sanidad enorme, un desenmascaramiento crítico de las mentiras del enemigo en la vida del hombre, lo que tendrá efectos de largo alcance. Otras relaciones serán afectadas profundamente por la nueva libertad que él halla. Dijo una esposa cuyo marido había dado grandes zancadas en este viaje a la integridad:

> [Al ir conversando a través de los meses] descubrimos que había cosas en la infancia de mi marido que habían moldeado su opinión de sí mismo y, de ese modo, afectado su conducta durante toda su vida. Al compartir él

esas experiencias conmigo, soltaron su garra en él y hubo verdadera sanidad. Llegó el momento en que él pudo dejar atrás esos años para siempre.

En definitiva empezó a surgir una nueva madurez en él que ha afectado todo aspecto de su vida. No sólo nuestra relación sino otras, los niños, los compañeros de trabajo, los contactos sociales, se han beneficiado con su nueva habilidad de enfrentar directamente la vida. Los principios que aprendió sobre ser honesto en nuestra relación fueron principios para vivir que fluyeron a todo otro aspecto de su vida.[6]

Esta clase de intimidad emocional es lo que nuestro Padre Dios tenía en mente para sus hijos. Está anotado tocante a la primera pareja del huerto: "Y estaban ambos desnudos, el hombre y su mujer, y no se avergonzaban" (Génesis 2:25). Seguramente que esto simboliza la apertura emocional que Dios concibió para nosotros. Dentro de los muros de este marco de confianza, alcanzamos nuestro potencial total sin que "nos falte ganancia" al ir creciendo juntos en nuestro descubrimiento de la provisión maravillosa de Dios para nosotros.

Ella le trae bien y no mal todos los días de su vida.
Proverbios 31:12

Esta es una mujer que tiene siempre presente el bien de su esposo. (Algunos dicen que este es el concepto del amor "ágape", la clase de amor de Dios.)

¿Qué es bueno a los ojos de Dios? Eso que acerca a Dios. Esto no significa que la mujer buena sea "religiosa". Que esté siempre citando la Escritura para enseñar o probar su punto. Más bien, como la mujer de 1 Pedro 3, vive su vida basada en principios bíblicos por medio del poder del Espíritu Santo. En el dar y recibir normal de la vida diaria, por su conducta y palabras responsables, demuestra el corazón de Dios.

Abre su boca con sabiduría, y hay enseñanza de bondad en su lengua. Ella vigila la marcha de su casa.

(versículos 26,27)

La palabra "vigila" en estos versículos es la misma palabra hebrea *tsafá* que se traduce en otros pasajes de la Biblia como "centinela". Un buen ejemplo está en Ezequiel 3:17 que dice: "Hijo de hombre, te he puesto por centinela de la casa de Israel; cuando oigas la palabra de mi boca, adviérteles de mi parte."

La *Spirit-Filled Life Bible* nos informa: "En el antiguo Israel se estacionaban centinelas en los muros para advertir a la gente del peligro y que se acercaban mensajeros".[7]

Las enseñanzas sobre la mujer hacendosa de Proverbios 31 suelen enfocarse solamente en describir su trabajo físico y capacidad financiera. Pienso que, sin embargo, aquí hay una fuerte prueba bíblica de que buena parte de la actividad de estos versículos pueden interpretarse de modo espiritual. Al considerar a la mujer que vigila la marcha de su casa, nuestros pensamientos pueden limitarse instintivamente a sus muchas tareas domésticas. Esta palabra *tsafá* nos dice que su papel va mucho más allá de los gozos de atender la casa. Sus actividades incluyen no sólo el cuidado físico del hogar sino que ella también es un centinela del estado espiritual y emocional de su familia. Los versículos que siguen describen bellamente su actividad espiritual.

Busca lana y lino y con agrado trabaja con sus manos.

(Proverbios 31:13)

Aquí vemos las manos de la bendición más que las manos que atrapan, seducen y destruyen. Estas son manos que dan vida, manos que buscan un "reino lejano" y trabajan para traer la realidad de ese reino a su casa.

La mujer buena trabaja voluntariamente con sus manos para proveer ropas de lana y lino. La lana protege del frío. A veces, el frío en la Escritura simboliza el juicio de Dios contra el pecado, por ejemplo, en:

> *Manda la nieve como lana; esparce la escarcha cual ceniza. Arroja su hielo como migas de pan; ¿quién puede resistir ante su frío?*

> Salmo 147:16,17

En forma semejante, la lana puede cubrir de tal juicio, como podemos ver del siguiente pasaje:

> *Por tanto, volveré a tomar mi trigo a su tiempo y mi mosto a su sazón. También me llevaré mi lana y mi lino que le di para que cubriera su desnudez.*

> Oseas 2:9

En las ceremonias del Antiguo Testamento se usaba lana escarlata e hisopo sumergido en sangre para limpiar de pecado al pueblo de Dios (ver Hebreos 9:19-22). Simbólicamente el lino se refiere a la justicia de Cristo para los santos.

Las manos de la mujer aquí mencionada son manos *kaf* que se refieren a manos abiertas o dadas vueltas hacia arriba, y pueden referirse a manos extendidas en oración (ver Éxodo 19:29 e Isaías 1:15)[8], que buscan a Dios en nombre de aquellos del hogar de ella. La mujer apela a la misericordia y gracia de Dios. Ella busca lana de Dios, lana que cubra y proteja a su familia del juicio del pecado y lino para que ellos puedan ser vestidos con la justicia de Cristo.

Ella conoce al Dios de Moisés que dijo: "El SEÑOR, el SEÑOR, Dios compasivo y clemente, lento para la ira y abundante en misericordia y verdad; el que guarda misericordia a millares, el que perdona la iniquidad, la transgresión y el pecado" (Éxodo 34:6,7; vea también 20:6).

Moisés se impresionó tanto por la descripción de Sí mismo que hace Dios que aunque el pueblo por el cual intercedía había cometido un enorme pecado, inmediatamente apeló a lo que Dios le acababa de decir y dijo: "Aunque el pueblo sea de dura cerviz ... perdona nuestra iniquidad y nuestro pecado, y tómanos por posesión tuya" (versículo 9). Dios respondió rápidamente en forma afirmativa prometiendo realizar grandes milagros por cuenta de ellos (ver versículo 10).

La mujer virtuosa sabe que Dios está esperando que la gente interceda por sus seres queridos para que Él pueda mostrarles favor y moverse por a favor de ellos. Ella sabe que Él busca a los que "se pusiera en pie en la brecha ... para que yo no la destruyera" (Ezequiel 22:30). Por tanto, con la confianza que se escribe de ella: "No tiene temor de la nieve por los de su casa, porque todos los de su casa llevan [están cubiertos por] ropa escarlata [símbolo de la sangre de Cristo]" (Proverbios 31:21). Ella sabe que su propósito es ser una obrera junto con Dios para traer el reino de Dios y Su justicia a su familia.

Es como las naves de mercader, trae su alimento de lejos.

(versículo 14)

Esta mujer importa "comida" para su familia: no sólo la comida física sino también la más importante, la espiritual. Esta es comida que viene desde "un país lejano".

Un barco mercante traslada mercaderías (bienes) de uno a otro lugar. La mujer virtuosa es como un barco así. Ella también trae o traslada bienes de un lugar a otro.

Ella trae su comida desde lejos. En sus oraciones y meditación de la Palabra, mientras vigila y espera en el Señor, ella viaja a un país lejano, al reino de Dios. Ahí participa "del pan de vida". Al empezar Dios a nutrirla y llevarla a los caminos del reino, "ella nota que su ganancia es buena" (versículo 18). Su propio corazón, transformado radicalmente, se vuelve como "un barco mercante", un vehículo que Dios usa para llevar ese mismo pan de vida a su familia. Algunos de su casa pueden estar aún apáticos u hostiles con Dios pero aun ellos se alimentarán de la vida cambiada de la mujer hacendosa que vive los principios del Reino ante ellos.

Fuerza y dignidad son su vestidura, y sonríe al futuro.

(versículo 25)

La palabra "fuerza" viene de un verbo que significa ser firme, prevalecer, ser fuerte, endurecerse contra el enemigo.[9] El *Theological Wordbook of the Old Testament* nos dice que esta palabra significa fuerza, poder, particularmente de los guerreros".[10] (Trataremos este aspecto de la mujer hacendosa más completamente en el próximo capítulo.)

"Ella se regocija [se ríe con burla] del futuro [los postreros tiempos o el tiempo venidero, sabiendo que ella y su familia están listos para eso]" (versículo 25, traducción libre de la versión Ampliada de la Biblia que usó la autora aquí]. La posición de esta mujer es firme y segura; su fuerza y seguridad está en Dios. Ella confía en el futuro porque ella confía en el Dios del futuro al cual ha consagrado todo. Ella ha llegado a conocerlo íntimamente. Como resultado, confía implícitamente en Él. Su reposo se basa sólo en Él.

El Salmo 2:4 usa esta misma palabra para reírse cuando dice que "El que se sienta en los cielos [Dios] se ríe, el Señor se burla de ellos [los reyes y los gobernantes que traman unidos contra el SEÑOR y su Ungido (versículo 2).

El ungido es la familia de Dios. Aunque la palabra "ungido" está con U mayúscula aquí, también se refiere al Cuerpo de Cristo, el ungido en la tierra.

¡Dios se ríe! Se ríe de los planes del enemigo para tu vida, para las vidas de tu familia. Porque Dios se ríe de los planes del enemigo, planes de destrucción, dolor y derrota que él ha trazado para tu vida, nosotros también podemos reírnos. Satanás es un enemigo derrotado. Cristo ha ganado la victoria. Él ha sido sentado a la diestra del Padre en los lugares celestiales. "Muy por encima de todo principado, autoridad, poder, dominio y de todo nombre que se nombra, no sólo en este siglo, sino también en el venidero. Y todo sometió bajo sus pies" (Efesios 1:21,22). ¡Por eso Él puede reírse!

"Y Él os dio vida a vosotros ... y con Él nos resucitó, y con Él nos sentó en los lugares celestiales en Cristo Jesús" (2:1,6). Por eso, ¡también nosotros podemos reír! La mujer buena sabe esto y ella no teme por ella ni por su familia "en el tiempo venidero".

¿Trampa, cadenas o corona?

La mujer virtuosa es corona de su marido, mas la que lo avergüenza es como podredumbre en sus huesos.

Proverbios 12:4

Si fuéramos a resumir lo que dijimos sobre la "mala mujer", una "cuyo corazón es lazos y redes y cuyas manos son cadenas" podríamos decir que es aquella que avergüenza a su marido. Ella le hace mal, no el bien. Ella es como "podredumbre en sus huesos".

Los huesos pueden aludir a la fuerza en la Escritura[12], y la podredumbre significa echarse a perder o deteriorarse. Una mujer que avergüenza a su marido, le deteriora su fuerza. Será sumamente difícil para él llegar a ser el hombre que Dios concibió que fuera. La vida de Salomón fue un ejemplo vivo de esta clase de destrucción de la fuerza y del carácter.

Sin embargo, la mujer virtuosa, la mujer buena descrita en Proverbios 31, es una "corona de su marido". ¿Qué significa esto?

Las coronas se relacionan con la sabiduría. En Proverbios 4:8,9 se nos dice que la sabiduría ..."ella te honrará si tú la abrazas; guirnalda de gracia pondrá en tu cabeza, corona de hermosura te entregará."

Una corona rodea la cabeza. La palabra "corona" está tomada de una palabra que significa "rodear (contra ataque o para protección)".[13] Así que el significado básico aquí es muy parecido al de la palabra "ayuda" de Génesis 2:18 que es "rodear y proteger".

La sabiduría, cuando es abrazada, cuando es recibida, trae gran honor porque ayuda a caminar rectamente, a tomar buenas decisiones, a tener una actitud de salud mental y, lo más importante, crea una actitud recta hacia Dios. La sabiduría rodea y protege efectivamente a la mente, y da gran honor a la "cabeza" de aquel que la tiene. Es como una corona.

Así, pues, es la mujer buena en cuya boca hay sabiduría y bondad (Proverbios 31:26). Cuando el hombre la abraza y la recibe como la ayuda que Dios le da, ella también será instrumento para rodear y proteger la mente del hombre. Es significativo que el corazón (el cual el hombre puede confiar con seguridad a la esposa virtuosa) es traducido, alternativamente, como "entendimiento".[14]

La mujer ha sido diseñada única y específicamente para influir en el entendimiento de su marido más profundamente que cualquier otra persona. La intimidad física Dios la creó con el propósito de que sea un agente poderoso que puede mover al hombre a un intimidad emocional profunda. Al abrirse él a ella, ésta le sacará para afuera, a la luz de la relación verdadera. Ella le ayudará a ordenarse mentalmente, a tomar buenas decisiones, a ayudarle a ponerse en buen equilibrio. Ella traerá honor a él: 'una corona'.

Aunque la mujer de los Proverbios es evidentemente una líder por derecho propio, dice de su marido que él "es conocido en las puertas, cuando se sienta con los ancianos de la tierra" (versículo 23). "Gran honor era sentarse con los ancianos en las puertas".[15] Los dirigentes de la ciudad se sentaban ahí. El marido de esta mujer no sólo se sienta con los ancianos sino que es conocido de ellos; él es reconocido y conocido como uno que tiene sabiduría significativa.

Un líder del reino de Dios no es necesariamente uno que físicamente se destaque y tenga un ministerio público. Jesús dijo: "cualquiera de vosotros que desee llegar a ser grande será vuestro servidor" (Marcos 10:43). El liderazgo asume muchas formas. Cualquiera que sea el ministerio o vocación de un hombre, sus habilidades se verán grandemente realzadas por la influencia de una mujer buena. En lugar de "podredumbre" ella será fuerza en sus huesos; ella le ayudará a edificar su carácter con efectos de muy largo alcance.

En definitiva, aunque pueda llevar tiempo, la mujer buena y fiel experimentará el gozo de la promesa de Dios:

> *Sus hijos se levantan y la llaman bienaventurada, también su marido y la alaba diciendo: Muchas mujeres han obrado con nobleza, pero tú las superas a todas. Engañosa es la gracia y vana la belleza, pero la mujer que teme al SEÑOR, ésa será alabada.*

> Proverbios 31:28-30

Personalmente me asombra y me hace sentir insignificante el plan de Dios para la mujer que Él ha formado para Sí mismo. Es una responsabilidad sobrecogedora, un gran privilegio del Señor. El honor y la influencia que Dios ha dado a la mujer es casi incomprensible. No asombra pues que el enemigo haya luchado a través de los siglos para acallar, denigrar, robar a Dios y al hombre a ésa que Dios diseñó para darle a él honor y fuerza.

¿Tomarán su manto, señoras? ¿Llegará a ser la corona que Dios te diseñó para ser? Hombres, ¿las recibirán para su propio bienestar? El estado de la Iglesia está en nuestras manos.

Algo para pensar

- ¿Cuáles son algunas características de la mujer mala? ¿Cuáles son algunas características de la mujer buena?
- Explica qué cosa de la mujer virtuosa hará que su marido confié seguramente su corazón a ella.
- Describe qué significa que una mujer sea la corona de su esposo.

10

La mujer guerrera

> *Y pondré enemistad entre ti y la mujer,*
> *y entre tu simiente y su simiente; él te*
> *herirá en la cabeza, y tú lo herirás*
> *en el calcañar.*
>
> Génesis 3:15

Dios habla. Él habla del futuro, de la restauración, una promesa de liberación. Pese al catastrófico fracaso, pese al engaño y la traición, cuando todo pareciera estar terminado, arruinado más allá de todo remedio, Dios habla de recuperación. Sus primeras palabras de promesa conciernen específicamente a la mujer.

En el pasaje del comienzo Dios se dirige a Satanás, que había hecho su primera incursión engañando a Eva. Dios le dice que no ganó. La salida de escena de Satanás aún es venidera pero vendrá por la semilla de la misma a quien engañó tan astutamente: la mujer.

Desde el comienzo Dios opera veraz a la forma, veraz a la naturaleza de Su corazón. Una y otra vez, en la vida y en la Escritura, vemos la mano de Dios victoriosa, restauradora y redentora al volver Él a los puntos estratégicos del conflicto, a los lugares de aparente derrota, donde Satanás ha tratado de convertir lo bueno en malo, y la vida en muerte. En ese punto exacto Dios saca el triunfo de la devastación aunque no se detiene ahí. Él usa el mismo conflicto para enseñar y fortalecer a los suyos para que ellos, entonces, se vuelvan rivales formidables del enemigo al batallar por sí mismos y por otros. Tal es el caso de Eva. "En la red que escondieron, quedó prendido su pie" (Salmo 9:15).

El enemigo de la mujer

Eva fue la primera persona de la tierra que se dejó atrapar por la astuta engañosidad de Satanás. También fue la primera en denunciar esos mismos rasgos en él, llamándolo por lo que él era: un engañador. "La serpiente me engañó, y yo comí" (Génesis 3:13).

Dios dictó sentencia inmediatamente y empezó por donde comenzó el pecado, con la serpiente: "Por cuanto has hecho esto, maldita serás más que todos los animales, y más que todas las bestias del campo; sobre tu vientre andarás, y polvo comerás todos los días de tu vida" (versículo 14).

Entonces Dios sigue con nuestro pasaje de apertura: "Y pondré enemistad entre ti y la mujer, y entre tu simiente y su simiente; él te herirá en la cabeza, y tú lo herirás en el calcañar" (versículo 15). ¡Qué declaración tan fuerte y con cuánta frecuencia se la pasa por alto! Dios está hablando aquí específicamente de la mujer, no de la humanidad. Que el efecto de lo que Dios dice se empape en tu espíritu. Dios decía a Satanás que no sólo él (Satanás) es el enemigo de la mujer sino también, y más importante, ¡Dios hizo de la mujer el enemigo de Satanás! El *American Heritage Dictionary* define enemistad como "odio profundamente asentado y a menudo mutuo".[1]

Al exponer Eva a Satanás, se creaba ahora una enemistad entre ellos que Dios dice seguirá por todas las edades. Las mujeres que están totalmente vueltas a Dios serán usadas en algunas formas muy directas y devastadoras para dejar al descubierto las tácticas de Satanás y atacar su reino.

La semilla de la mujer

Nuestro pasaje bíblico sigue declarando que la enemistad también será entre "tu semilla [la de satanás] y su semilla; Él te herirá en la cabeza y tú lo herirás en el calcañar" (versículo 15).

La tierra había sido hecha para que la gobernara la humanidad. "Los cielos son los cielos del SEÑOR; pero la tierra la ha dado a los hijos de los hombres" (Salmo 115:16). "Dios no entregó la propiedad de la tierra" declara Dutch Sheets en *Intercesssory Prayer* (Oración intercesora) "sino que Él asignó la responsabilidad de gobernarla a la humanidad".[2]

Sabemos, no obstante, que el hombre cayó. Él seguiría gobernando pero bajo autoridad diferente. Paul Billheimer en *Destined to Overcome*. (Destinados a vencer) dice que cuando el hombre "transfirió su lealtad de Dios a Satanás, también transfirió su dominio".[3] La tierra sería gobernada por una nueva cabeza, el mismo diablo. Aquel que había declarado su intención desde el comienzo, la de enaltecerse a sí mismo por encima de Dios, había ganado la primera escaramuza. Ahora Satanás sería "el príncipe de este mundo" (Juan 12:31). Sin embargo, Dios anunció directamente que el encabezamiento de Satanás era transitorio en el mejor de los casos. Aquel con alas lucharía para quitársela a él: la Semilla de la mujer.

Dios no permitiría que Satanás ni la mujer se movieran de ese lugar sin la promesa de restauración plenamente declarada. Eva fue la primera en ser atrapada por Satanás, pero también fue la primera que expuso su verdadera naturaleza. Ella también fue el sujeto de la primera promesa de liberación. Por medio de la Semilla de la mujer "el pecado [y la muerte] serían sorbidos en victoria" (1 Corintios 15:54). Por medio de la Semilla de la mujer Dios desarmaría "a los principados y potestades, haciendo un espectáculo público de ellos, triunfando sobre ellos en eso" (Colosenses 2:15). La mayor victoria del cielo y la tierra sería concretada a partir del punto más grande de la derrota.

La autoridad retornada

Cuando Jesús, la Semilla perfecta, vino por medio de la mujer, y la Semilla fue a la muerte, pareció como si Satanás hubiera vuelto a ganar. Sin embargo, Hechos 2:24 dice: "A quien Dios resucitó, poniendo fin a la agonía de la muerte, puesto que era imposible que Él quedara bajo el dominio de ella". "En Él estaba la vida" (Juan 1:4).

No era posible que la tumba lo retuviera. Jesús declaró a Juan en Apocalipsis 1:18 "[Yo soy} el que vive, y estuve muerto; y he aquí, estoy vivo por los siglos de los siglos, y tengo las llaves de la muerte y del Hades."

Jesús había salido victorioso de la muerte trayendo consigo el derecho legal para que el hombre gobierne de nuevo.

Jesús el hombre perfecto, sin pecado, había pisado la cabeza de Satanás y asestado un golpe mortal a su autoridad. Como hombre y por cuenta del hombre, Jesús había recuperado la jefatura bajo Dios que Adán perdió, y la regresó por siempre a cada creyente que se ponga bajo su Señorío. Sin embargo, como al principio, habría trabajo que hacer.

Es importante notar que cuando Jesús derrotó a Satanás, no lo aniquiló. Desde la concepción de la humanidad, Dios declaró que parte de su dominio sobre la tierra sería "sojuzgar" (pelear y pisotear) a toda fuerza hostil que se presentara contra los planes y propósitos de Dios. Este sigue siendo el llamamiento del creyente.

Satanás es enemigo derrotado pero Dios levanta una Iglesia, una Novia "idónea'" (apta) para, y correspondiente a, su Novio. Este "levantar" implica aprender a pelear, entrar en batalla para "poseer el reino" que ya nos ha sido dado, crecer en madurez al ir caminando en su autoridad.[4] Satanás ha sido dejado en la tierra para que, por medio del conflicto, la Iglesia pudiera ser *fortalecida*, no derrotada, y él se quedará solamente mientras sirva para los propósitos de Dios.

La victoria de Cristo sobre Satanás no fue ganada para Él mismo sino para devolver al hombre la autoridad que perdió. Los propósitos de Cristo no se cumplirán hasta que la Iglesia ponga plena vigencia a su victoria.

La fuerza de un ejército

Entra nuevamente en escena la "mujer virtuosa". Aunque ambos, hombre y mujer, son críticamente importantes para el plan de Dios de ejercer su voluntad en la tierra, Él ha diseñado en forma única a la mujer para que se meta en esta batalla, como pronto descubriremos.

A menudo, cuando pensamos en la mujer virtuosa, pensamos en la piedad y la pureza moral. Aunque estas cualidades ciertamente se incluyen en tal clase de mujer, el significado de esta palabra en hebreo transciende la descripción de los rasgos de carácter.

Jayil es la palabra hebrea traducida como "virtuosa" ["hacendosa"]. Significa "fuerza, a menudo del hombre, medios u otros recursos [¡Dios!]". También significa "fuerza, capaz, poder, potencia" y se usa para describir la fuerza de un ejército.[5] En 1 Crónicas 5:18, los guerreros son llamados hombres *jayil*, valientes, hombres de mucha fuerza. Intriga ver que esto comparte la misma raíz de consonantes de la palabra que significa "torcer o retorcer, retorcerse de dolor como en el parto, dar o sacar a luz".[6]

¡Qué interesante la combinación de palabras para describir a la mujer que Dios llama virtuosa! Él nos está diciendo que ella es una guerrera que también sabe dar a luz algo: ¡y ella es la enemiga de Satanás!

Manos guerreras

Proverbios 14:1 establece que "la mujer sabia edifica su casa [familia], pero la necia [insensata, mala] con sus manos la derriba." Aquí volvemos a ver el uso de las manos de la mujer para bien o mal. Ella tiene el poder de edificar (hacer o reparar)[7] su casa con sus manos y tiene el poder para destruirla.

Proverbios 31 menciona dos clases de manos. Hablamos de la manos *kaf* en el último capítulo; vimos que son manos extendidas, buscando a Dios, pidiendo su gracia y misericordia para las familias. Pero hay otra clase de manos de las que aquí se habla: las manos *yad*. Estas son manos que pueden estar "abiertas o cerradas agarrando o como puño".[8] Las manos *yad* pueden indicar "poder, medios, dirección".[9] La mujer usa ambas clases de manos para ayudar a edificar su casa.

El Salmo 144:1 dice: "[El] adiestra mis manos [*yad*]para la guerra, y mis dedos para la batalla." (Los dedos denotan "agarrar, algo con qué asir").[10] La mujer virtuosa ha aprendido a "guerrear o batallar" en el reino espiritual. Ella ha desarrollado "manos guerreras".

Como mujer cuyo corazón está vuelto a Dios, ella ha empezado a entender las cosas desde Su perspectiva, Su punto de vista eterno. Como el centro de ella ha sido volcado ya no relaciona todo a sí misma (no es más "insensata" o "necia"). Ella se ha vuelto más bien una obrera junto con Dios para cumplir su propósito y plan en la tierra, en los puntos específicos que se relacionan a su hogar: su marido e hijos.

La mujer virtuosa se ha trasladado de un énfasis centrado en el hombre o egocéntrico a un énfasis centrado en Dios. De Vern Fromke escribe:

> Dios está en el centro de nuestro universo, en cuanto somos creyentes, y nos hemos adaptado correctamente a Él o hemos hecho de nosotros

el centro y estamos tratando de hacer que todo gire en torno a nosotros y para nosotros. Cuando el centro está malo entonces todo lo que esté a nuestro alcance está mal.[11]

En cuanto nuestros centros se han vuelto hacia Dios, nos ponemos sumamente amenazadores para el enemigo. Dios empieza a revelar su corazón a los que así se han dado vuelta. "Los secretos del SEÑOR son para los que le temen, y Él dará a conocer su pacto" (Salmo 25:14). Él revelará su pacto, sellado con la sangre del Cordero inmolado desde la fundación de la tierra, a nuestros corazones. Este es el pacto abrahámico, la promesa de bendición, multiplicación y victoria sobre nuestros enemigos. Es la promesa de la restauración y cumplimiento de todo lo que Dios planeó para sus hijos desde la fundación del mundo (ver Génesis 12:13; 22:17,18; Romanos 4:3; Gálatas 3:9,14). Es la devolución de nuestra autoridad en Jesucristo para gobernar y reinar en el reino espiritual en su nombre.

Habiéndonos salido de nosotros mismos para relacionarnos de modo nuevo con Dios, ahora Él puede moverse, hablar y actuar a través de nosotros para silenciar y rechazar al enemigo a medida que aprendemos qué es "andar en el Espíritu" (ver Romanos 8:1). Al "someternos a Dios" [primero y principal] [y luego] "resistir al diablo" se nos promete que él "huirá [saldrá corriendo]" de nosotros (Santiago 4:7). ¡Llegamos a ser *su* enemiga!

Israel dejó atrás el desierto [análogo a la vida del yo], donde, como los cananeos, todos hicieron "lo bueno a sus propios ojos" (Deuteronomio 12:8). Entonces cruzaron el Jordán para poseer la Tierra Prometida por el poder de Dios. Así, pues, Satanás y sus sicarios deben admitir (aunque les amargue) cuando dejamos atrás nuestra vida propia del yo:

Sé que el SEÑOR os ha dado la tierra, y que el terror vuestro ha caído sobre nosotros, y que

> *todos los habitantes de la tierra se han acobar-*
> *dado ante vosotros.*

Josué 2:9

También nosotras cruzamos el Jordán; dejamos atrás la vida del yo para andar en el Espíritu. Estamos listas para "edificar nuestra casa" (la casa del Señor, propiedad nuestra a nivel individual y colectivo), conforme al plano de Dios. "Si el SEÑOR no edifica la casa, en vano trabajan los que la edifican (Salmo 127:1). Al representar verdaderamente el corazón de Dios blandiremos verdaderamente la autoridad de Dios.

Ella se regocijará en el tiempo venidero

Como dijimos en el capítulo anterior, la palabra regocijar significa reírse con burla, desdén o mofa. También significa "burlarse, desdeñar, mofarse".

¿Quién es aquel al cual desdeñará la mujer o se mofará sino el mismo a quien Dios dijo que ella sería su enemiga? ¡Por supuesto, Satanás!

Tenemos la costumbre de referirnos a Satanás como nuestro enemigo cuando, en realidad, conforme a Dios, la verdad es precisamente lo contrario. Dios nos ha puesto a nosotras, particularmente como mujeres, para que seamos la enemiga de Satanás. Al denunciarlo en la tentación Eva optó por poner la brecha que el mismo Dios ensanchó, declarando que continuaría por todo el tiempo.

Esta enemistad, este odio entre ambos explica el ataque de Satanás a la mujer a través de los siglos. Sabiendo que ella fue creada para ser la ayuda del hombre, Satanás también sabía que si ella era restaurada alguna vez a su posición correcta, él se vería sumamente limitado en su habilidad para seguir llevando confusión y distorsión a los hogares y familias. Engañando a la mujer, su esperanza era sabotear o debilitar todo el plan de Dios. Su ataque a ella ha seguido por la misma razón.

¿Cómo ataca Satanás a la mujer? Él tuerce y distorsiona su papel y lugar en el plan de Dios, sabiendo que Dios la ha hecho especialmente sensible a la actividad del diablo, que Dios le ha puesto un "odio" en el corazón contra él, Satanás obra continuamente para silenciarla y hacerla impotente e inútil.

A través de los siglos, Satanás ha hecho que la mujer sea usada, abusada y subvertida; y, aun en el mejor de los círculos, la mujer no es, a menudo, considerada digna de consideración genuina. Disminuyendo, devaluando o volviendo objeto a la mujer para los ojos del hombre, Satanás sabe que sus palabras no serán tomadas en serio y la que denuncia sus obras será inefectiva de nuevo. Sin embargo, su tiempo está limitado. La mujer será, de todos modos, "la que ríe último".

Ojos para ver

Las tácticas de Satanás funcionarán solamente en la medida que la misma mujer esté ciega a su papel y al poder que Dios le ha dado para cumplirlo. Cuando la mujer se vuelve "virtuosa", como quien ha despertado a su femineidad tal como Dios la propuso desde el comienzo, el final se acerca al gran engañador de su vida. Juan 8:32 declara que cuando llegamos a "conocer la verdad" cuando llegamos al conocimiento revelado íntimo y personal del corazón de Dios, de su carácter, sus caminos, la realidad de quien es Él, "la verdad os [nos] hará libres."

Este conocimiento personal del corazón de Dios empezará a impartir una fuerza y una confianza a la mujer virtuosa que no le son propios. Ella empieza a comprender el ámbito espiritual. Cambia su perspectiva; ve y entiende las cosas que enfrenta en forma más clara y exacta.

Proverbios 9:10 declara que: "El principio de la sabiduría es el temor del SEÑOR, y el conocimiento del Santo es inteligencia." Llegar a relacionarse con el Todopoderoso creador del universo es el lugar donde empieza la sabiduría y la inteligencia. Todo lo demás: el pensar del hombre, las estrategias del hombre, los caminos del hombre, son insensatez, necedad, conforme a Proverbios.

La oración de Pablo en Efesios 1:17-23 es una oración universal que Dios quiere que oremos hoy. Dios quiere que pidamos "el espíritu de sabiduría y revelación" que solamente viene a través del "conocimiento de Él". El conocimiento exacto de Dios abrirá "los ojos de [nuestro] entendimiento". Llegaremos a saber y comprender verdaderamente la plenitud de lo que Cristo compró de nuevo para nosotros y "cuál es la extraordinaria grandeza de su poder para con nosotros los que creemos". Este es el mismo poder que levantó victorioso de la tumba a Jesús y, luego, lo sentó en los lugares celestiales, muy por encima de todo principado, toda potestad, todo poder, todo dominio y todo nombre que se nombra, no sólo en esta era sino también en la era venidera y que puso "todo bajo sus pies". ¡No sólo unas cuantas cosas, ni siquiera la mayoría de las cosas sino *todas* las cosas fueron puestas bajo sus pies!

Efesios 2:5,6 declara que también nosotras fuimos levantadas con Él por ese mismo poder de nuestro estado muerto e indefenso y que estamos sentadas con Él en los mismos lugares celestiales. ¡Este poder es el poder de la resurrección! Saca la vida de la muerte. Dios dice que este poder eterno, infalible e invencible obra para con nosotros, en nosotras y a través de nosotras si creemos (ver Hechos 3:12; Efesios 3:20) ¡Ese sí que es poder de victoria!

La mujer virtuosa es aquellas que ha llegado a tener una relación íntima con Dios. Ella lo conoce en el Espíritu. Ella conoce su corazón. Ella sabe qué hace Él. Ella entiende el pacto. Los "ojos de su entendimiento" son abiertos, y ahora ella empieza a moverse en un reino de autoridad espiritual que es poderoso. Ella toma su lugar como "centinela" de Dios que "vigila la marcha de su hogar" (Proverbios 31:27). Ella ve las tácticas del enemigo cuando él viene contra los miembros de su familia en su esfuerzo por impedirles que se muevan al destino de Dios para ellos, y ella sabe el poder que ella tiene contra él.

Participando ahora del árbol de la vida, la vida de Dios, Su vida está surgiendo a través de ella. El enemigo ya no está más "a salvo". Ella se pone la armadura de Dios y "ciñe sus lomos con fuerza y fortalece sus brazos" (versículo 17) para la batalla. No sólo se ha vuelto una obrera junto con Dios, sino que también camina en una nueva conciencia de que tiene la ayuda del cielo para dar a luz el plan del cielo para edificar su hogar.

Ella será usada para derribar principados y hacer retroceder las fuerzas de las tinieblas. Ella asirá, tomará, recobrará lo que fue robado por el enemigo y llamará a esas cosas que "no son, como si fueran" (Romanos 4:17). ¡El Espíritu Santo ha enseñado a guerrear a sus manos!

La mujer trabajadora

Antes comentamos las palabras hebreas que se relacionan con "virtud": "fuerza, poder" y "torcer, retorcerse en dolor como en el parto, dar o sacar a luz". También manifestamos que Dios diseñó a la mujer, física, emocional, y espiritualmente, en forma que la equipara para "ayudar" al hombre.

Dios escogió inscribir en la naturaleza de la mujer el deseo innato de dar vida. Ella entiende que pasará por un tiempo difícil, cambios corporales, malestar matutino (a veces, "todo el día") pero, llega el momento en que pasa por el dolor del parto antes que dé a luz vida. Pero debido a su profundo deseo de dar vida, ella se entrega a este proceso con gozo y anticipación. Miles, quizá millones, de dólares se han gastado mujeres estériles en los Estados Unidos deseando dar a luz.

Este deseo no siempre sale a la superficie de inmediato. Recuerdo mi propia hija que decía, cuando era una joven que se acercaba a la edad de casarse, que no quería tener hijos. Se había pasado sus primeros años de adolescente cuidando bebés y pequeñuelos, y se había cansado de ellos. Estaba segura de que la vida con un marido sería todo el gozo que necesitaría. Ciertamente no pasó mucho después del matrimonio cuando empecé a ver que ese anhelo innato de la mujer empezaba a despertarse en ella. Se quedaba mirando la ropa de bebé en las tiendas, se fijaba en los bebés cuyas madres pasaban por su lado empujando el coche de paseo, hablaba de nombres "lindos". No mucho después anunció: "¡Estamos embarazados!" El mismo Dios puso el deseo de reproducirse en los corazones de la humanidad, pero en especial, en los corazones de las mujeres. Esto es también verdadero en el ámbito espiritual.

Reproducción espiritual

Como viajo por todo el mundo hablando a la gente, cuido especialmente de hablar del "círculo" de la oración lo más a menudo que puedo. He descubierto que toda verdad bíblica funciona de modo circular. Empieza en el cielo con la voluntad, el corazón, el plan y el propósito de Dios. Entonces, Él mira a los de la tierra que tengan oídos para oír y ojos para ver por el Espíritu lo que Él está diciendo y queriendo hacer. Al empezar ellos a sentir lo que está en el corazón de Dios en una situación dada, sea en una familia, una ciudad o una nación, se "implanta" en la matriz del espíritu de ellos donde continúa creciendo por medio del riego de la Palabra y la confirmación de los demás. Cuando ha llegado la plenitud del tiempo, cuando Dios está listo para cumplir esa palabra, tiene lugar un conocimiento interior profundo. Ahí empieza una labor o trabajo dentro del espíritu de la persona que, definitivamente, hará que la voluntad de Dios irrumpa en la tierra. Luego, fluye de vuelta al cielo, cumplida como Dios se lo propuso.

Jesús nos instruyó que oremos: "Padre nuestro ... venga tu reino, hágase tu voluntad así en la tierra como en el cielo" (Mateo 6:9,10). La oración siempre ha sido porque se cumpla la voluntad de Dios. En relación con nuestro Padre, nuestro privilegio es traer esa voluntad a la tierra. Este ha sido nuestro derecho de nacimiento concebido desde el comienzo.

La oración no es algo que hacemos para ver si le doblamos la mano a Dios, tratando de convencerlo de que haga algo que Él no quiere hacer. Es pasar tiempo con Él, conociéndolo y, como resultado, empezamos a percibir lo que está realmente en su corazón. Descubrimos que Él es un Dios bueno, que lo que Él quiere para sus hijos es mejor que todo lo que nosotros siquiera hayamos imaginado. Entonces, empezamos a pronunciar su Palabra, su voluntad, en la tierra. Como es su Palabra, estamos en su autoridad contra toda fuerza que intente estorbar su cumplimiento. Resistimos al enemigo. Él debe huir y el reino de Dios viene a la tierra por medio de nuestra labor, trabajo y guerra.

Recuerdo muy bien el despertar de mi propia vida cuando empecé a darme cuenta del plan de Dios para mí en cuanto a "mujer virtuosa". Mi matrimonio andaba pésimo y tenía un hijo que se había vuelto adicto a las drogas y al alcohol. Me sentía impotente para hacer alguna diferencia significativa. A veces, me sentía como una observadora inerme de pie en la playa de una gran masa de agua que estaba por tragarse las vidas de los que yo amaba, y yo era incapaz de llegar a ellos.

En mi gran impotencia Dios empezó a enseñarme. Empecé a descubrir la realidad de que Dios me había llamado a ser como mujer, como su hija. Una fuerza empezó a fluir en mí que era diferente de todo lo que hubiera experimentado. No era que "me estuviera impulsando yo misma". No era que me estuviera sugestionando, tratando de convencerme de que, probablemente, "algún día" las cosas se arreglarían solas.

¡Me di cuenta de que estaba en una guerra! Esta guerra no era por mí. Era por el asombroso plan de Dios desplegándose en la tierra y el conocimiento de que Dios pretendía que cada miembro de mi hogar entrara a la plenitud de su reino. Esto no era una batalla que yo pelearía por mí misma o con mi propia fuerza. El mismo Dios residía en mí para ayudar.

Él reveló el plan de batalla y las armas de la milicia que Él me había asegurado en Jesucristo. Empecé a entender lo que significa vestirse de "lino fino y escarlata" (Proverbios 31:22), el ropaje de los sacerdotes y reyes.[12] Como sacerdotisa yo tengo entrada por el Espíritu al Lugar Santísimo, al santuario y la presencia del mismo Dios para interceder por mis seres queridos (ver Hebreos 10:19,20). Habiendo sido sentada con Cristo, el Rey de reyes, tengo su autoridad en el reino celestial para moverme contra los principados y potestades y todo lo que se levante contra los propósitos de Dios en mi familia.

Dios me habló fortaleciendo mi una vez desfalleciente corazón: "¡La victoria está asegurada!" Tan ciertamente como habló a los israelitas cuando emprendieron la toma de la tierra que Dios les había prometido, Él me dijo: "No temas, no te descorazones, no desmayes. Te he dado la tierra. Ya te he dado todo lugar donde poses tu pie, sólo empieza a caminar y guerrear" (ver Josué 1:3,6-9). ¡Fue como si el acero se hubiera metido en mi columna!

Recuerdo el día en que dije al enemigo: "Has llegado hasta aquí, ¡no irás más lejos!" El enemigo sabe cuando hablamos en serio. ¡Él sabe cuando conocemos la verdad! Sabe cuando fue hallado, que ha sido derrotado y que no tiene poder para seguir teniendo esclavizada a la gente.

Ese día di permiso a Dios para que hiciera lo que tuviera que hacer para traer su reino a mi casa. Estaba lista para "edificar". Dios había estado esperando oír esas palabras. Él ama las oraciones desesperadas ¡y yo era una mujer desesperada!

Al empezar a "guerrear" y "dar a luz" mis oraciones tuvieron muchas clases diferentes de expresión. Hubo de todo, desde llorar a reír, desde alabar a batallar, a quedarme confiada "de pie" sabiendo que la victoria había sido ganada aun antes que yo viera los resultados con mis ojos naturales.

Jesús nos asegura que "Y todo lo que pidáis en mi nombre, lo haré para que el Padre sea glorificado en el Hijo".

Entonces, por si acaso no parezcamos creer tal promesa increíble, repite de inmediato: "Si me pedís algo en mi nombre, yo lo haré" (Juan 14:13,14).

Su propósito es que "el Padre sea glorificado en el Hijo". ¡Esto es para *Él*! ¡Es lo que *Él* quiere!

Otra vez en Juan 15:7,8, Jesús declara: "Si permanecéis en mí, y mis palabras permanecen en vosotros, pedid lo que queráis y os será hecho. En esto es glorificado mi Padre, en que deis mucho fruto, y así probéis que sois mis discípulos." El Padre es glorificado cuando damos mucho fruto.

En Juan 15:16, Él dice de nuevo: "Vosotros no me escogisteis a mí, sino que yo os escogí a vosotros, y os designé para que vayáis y deis fruto, y que vuestro fruto permanezca; para que todo lo que pidáis al Padre en mi nombre os lo conceda."

¿Lo captas? Dios pretende que nosotros demos frutos y Él se ha comprometido asegurando que tendremos todo lo que necesitamos para hacer eso porque Él nos ha designado para este mismo propósito.

Dios ha dejado claro desde el comienzo cuál es su voluntad divina para nuestras familias. Él es un "Dios de familias" como vimos en el primer capítulo. Jesús fue "el cordero de la casa" (ver Éxodo 12:21).

Llegó la hora en que vi a mi hijo librado maravillosamente de las drogas y el alcohol y sigue libre, sirviendo al Señor, hasta la fecha. Mi matrimonio ha tenido mucha restauración. Dios dio la victoria pero requirió mi participación.

El fruto de su semilla

Luego que Adán y Eva sucumbieron a la seducción de Satanás, Dios se dirigió específicamente a Eva sobre el resultado de su acción. Parte de eso se refirió a los partos: "En gran manera multiplicaré tu dolor en el parto, con dolor darás a luz los hijos" (Génesis 3:16).

Creo que Dios estaba hablando aquí más que del dolor y malestar físicos que la mujer sentiría durante el parto. Creo que estaba hablando de un principio continuo.

Ahora, debido a la Caída, los hijos nacerían en un mundo caído, en territorio enemigo, para estar ahí perdidos por siempre a menos que se hiciera algo. Bendito sea Dios, ¡algo hecho! El Redentor vino aunque ese hecho no le sirve a nadie a menos que sea recibido.

Creo que Dios decía a la mujer que su trabajo de parto físico era sólo el punto de partida, que habría un trabajo continuo en el Espíritu que Él le pediría a ella. Sería incómodo; significaría estar "presente" emocional y físicamente, para el dolor y las dificultades de la familia. Significaría no rendirse a la tentación casi abrumadora de escaparse por medio de las muchas estrategias de evicción que mencionamos antes en este libro.

Requeriría gran dedicación, paciencia y fidelidad pero Dios estaría con ella. Si ella lo aceptaba Dios le daría el privilegio de dar a luz espiritualmente por medio de sus oraciones a quienes ella había dado a luz físicamente. (Los maridos son también beneficiarios bendecidos de esta clase de intercesión.)

La efectividad de la mujer virtuosa en la oración no está limitada a la familia sino que empieza ahí. Si la mujer está casada habitualmente dentro de este marco, Dios obtendrá su atención para enseñarle las grandes verdades que la harán fértil mucho más allá de su casa.

También hay algo adicional pues al darse la mujer a edificar su hogar por medio de las oraciones de guerra y de dar a luz, aquellos que ella haga nacer en el Reino del cielo también serán usados para poner *sus* pies en el cuello del enemigo. ¡También ellos harán regir la victoria del calvario!

Dale a ella el fruto de sus manos

La mujer virtuosa es una guerrera. Ella permite que Dios le enseñe a sus manos a pelear y a sus dedos a luchar. Ella toma su puesto contra Satanás, el enemigo de Dios, y rehúsa retroceder hasta que vea la victoria total.

Ella es una mujer que soportará una temporada de dolor y malestar mientras intercede por su hogar que aún puede no haber sido vivificado para Dios o que esté sufriendo los indebidos ataques del enemigo que amenaza robar o estorbar el plan de Dios para ellos. Ella trabaja en el espíritu; ella clama a Dios por cuenta de ellos.

Ella ha aprendido la verdad de la parábola que Jesús enseñó en Lucas 18, de que "siempre debemos orar sin descorazonarnos" (versículo 1). Ella es como la viuda insistente que iba continuamente donde el juez injusto diciendo: *"Hazme justicia [véngame] de mi adversario"* (versículo 3). El caso judicial había sido sentenciado, ella había ganado el juicio pero su adversario no se rendía. Por tanto, ella iba continuamente al tribunal del lugar, tantas veces como fuese necesario, para conseguir la vigencia legal de la decisión. El juez injusto dijo finalmente, motivado a actuar por sus clamores: *"Porque esta viuda me molesta, le haré justicia; no sea que por venir continuamente me agote la paciencia"* (versículo 5).

Jesús declaró: "Escuchad lo que dijo el juez injusto. ¿Y no hará Dios justicia a sus escogidos, que claman a Él día y noche? ¿Se tardará mucho en responderles? Os digo que pronto les hará justicia. No obstante, cuando el Hijo del Hombre venga, ¿hallará fe en la tierra? (versículos 6-8).

Jesús dice: "Si un juez terrenal es finalmente movido a hacer algo para que se cumpla un decreto legal, cuánto más será movido el Juez de toda la tierra, el Dios del universo, a poner en vigencia la decisión de la corte celestial, una que Él mismo ha hecho! Él lo hará rápidamente! Pero Él nos soporta con mucha paciencia en nuestra ignorancia mientras aprendemos la verdad de todo lo que Él ha realizado por nosotros. Cuando estemos listos para movernos, Él está listo para moverse por cuenta nuestra, ¡rápidamente! *No obstante, cuando el Hijo del Hombre venga, ¿hallará fe en la tierra? ¿La hallará?*

Dios está buscando gente de fe. Fe que rehúse retroceder. Fe que sepa que tiene la corte del cielo y al Juez Supremo del universo tras de sí. Fe que se plante firme en el medio de la batalla. Fe triunfadora. Un querido santo, ahora con el Señor, definió la fe triunfadora como "fe que sabe que ha ganado aunque aún sigue dando la batalla".

En esta movida sin precedentes entre las mujeres Dios las está despertando a su femineidad como Él la diseñó y deseó para que fuera desde el principio: mujer que entienda qué significa ser una "dadora de vida" como lo indica el nombre de Eva. Él está despertando mujeres virtuosas de las cuales Dios dirá:

> *Dadle el fruto de sus manos, y que sus obras la alaben en las puertas.*

Proverbios 31:31

Mujeres, ¿estarán entre aquellas a quienes Dios alabe así? Yo oro fervorosamente que así sea. Ruego que el Espíritu Santo se mueva en estas palabras escritas y encienda sus corazones, y abra los ojos del entendimiento de ustedes para que vean y comprendan el asombroso plan de Dios al cual Él las ha llamado.

"¡Levántate!", dice el Señor, "Levántate de la depresión y postración en que te han tenido las circunstancias. Levántate a la vida nueva. Brilla: sé radiante de esperanza y propósito. Tu luz, tu inteligencia ha llegado. 'La gloria del Señor se ha levantado sobre ti'. Donde pongas tu pie, Dios te lo ha dado. Empieza a tomar posesión de tu herencia pues el 'Capitán del ejército del Señor' está contigo" (ver Isaías 60:1; Josué 1:2,3; 5:14).

Algo para pensar

- Describe cómo actúa en la tierra la enemistad de Satanás contra las mujeres.
- ¿De qué manera son abiertos los "ojos de nuestro entendimiento"? ¿A qué son abiertos?
- ¿Dónde deben empezar nuestras oraciones?

11

Un Dios de propósito

> *Yo sé que tú puedes hacer todas las cosas, y que ningún propósito tuyo puede ser estorbado.*
>
> Job 42:2

De Génesis a Apocalipsis vemos que Dios es un Dios de propósito. Su plan y propósito no fueron secretos, como hemos descubierto, sino que fueron declarados públicamente al universo desde el comienzo. Nuestro entendimiento de su propósito aumenta, no obstante, a medida que crece nuestro conocimiento íntimo de Él.

Cuando Job, el escritor del libro más antiguo de la Biblia, emitió las palabras de nuestro versículo bíblico de apertura, acababa de atravesar una larga prueba confusa y dolorosa de su fe. Job había conocido a Dios antes de su prueba. Él era "hombre intachable y recto, temeroso de Dios y apartado del mal" (Job 1:8). Sin embargo, ahora él había llegado a un entendimiento más profundo de los caminos y carácter de Dios.

Job compara su nuevo entendimiento con su anterior conocimiento de Dios y declara:

He sabido de ti sólo de oídas, pero ahora mis ojos te ven (42:5).

Los ojos de su entendimiento habían sido abiertos por medio de un conocimiento más profundo y más íntimo de Dios que le había venido por medio de mucha presión y sufrimiento. Ahora él no sólo sabía "de" Dios sino que también conocía a Dios mismo. ¡Esto cambiaba todo!

Un punto de vista nuevo

Job empieza ahora a ver las cosas desde la perspectiva de Dios. Ha habido un vuelco vital de su centro y una revelación personal. Él ha descubierto que la vida se trata más del plan de Dios que de él, de cómo él entra en el plan de Dios, y no cómo Dios entra en su plan. Él también descubrió que el plan de Dios es el plan óptimo de todos. Ha descubierto no sólo que Dios tiene propósito sino también que nada puede impedir que ese propósito se cumpla.

"Yo sé que tú puedes hacer todas las cosas", declara Job ahora, "y que ningún propósito tuyo puede ser estorbado" (versículo 2).

Los amigos de Job también sabían "de Dios". Ellos habían presentado muchos hechos indiscutibles sobre Él, pero Dios les dijo: "No habéis hablado de mí lo que es recto" (versículo 7). Ellos podían hablar *de* Dios y pasarse totalmente por alto el corazón de Dios. Ellos podían tener razón en su "doctrina" sin conocer realmente a Dios en absoluto. No conociendo el corazón de Dios, no podían saber nada de su propósito real (el cual es llevarnos al conocimiento pleno y exacto de Él) y, así, fueron consoladores imperfectos y malos para Job. Como declaró DeVern Fromke en *The Ultimate Intention*, "si nuestro centro está mal, todo está mal dentro de nuestro alcance".

Este cambio de perspectiva es la colmena de todo lo que Dios quiere hacer en nuestras vidas y elemento clave del "propósito".

Gente de propósito

"Dios no pone metas en tu vida y esperan que pasen. Dios no tiene una visión de lo que le gustaría que llegara a ser tu vida. Dios sólo tiene propósito", escribe Bob Sorge en su libro *The Fire of Delayed Answers* (El fuego de las respuestas demoradas).

Dios está siempre obrando su propósito en nuestras vidas. Sin embargo, la mayor parte del tiempo es sólo en la retrospectiva, como Job, después de muchos meses o quizá años de vagabundear, descubrimos cuál ha sido todo el tiempo el propósito de Dios. Entonces, un día, absolutamente deleitados, lo vemos. Más bien, ¡vemos a Dios! Vemos su corazón, vemos detrás de qué ha andado Él, que Él ha estado obrando "todas las cosas conforme al consejo de su voluntad" (Efesios 1:11). Y sabemos cuál es su voluntad. Somos cambiadas; no somos las mismas que fuimos antes, y no es algo que hayamos hecho por nosotras mismas. Vemos que Dios es un Dios de propósito y que ¡nadie ni nada puede impedir que ese propósito se realice! Nuestra confusión, nuestra ignorancia, ni siquiera nuestra evidente incapacidad transitoria para cooperar con Él pueden descarrilar su plan. ¡Dios es más grande que todo esto!

Este es un principio que podemos seguir a través de la historia. Como Dios tiene un plan, todo lo que Él hace encaja en el cumplimiento de ese plan. Cada pieza, hasta las cosas que parecen sin importancia y corrientes, tiene un lugar de significado y propósito. Aun en aquellos lugares el Señor está dirigiendo, guiando, conduciendo para llevarnos a nosotros y nuestras familias, la Iglesia, hasta las naciones del mundo, al alineamiento con sus santos propósitos.

Viajemos por la Escritura para ver cuán intrincadamente han estado las mujeres en la tela de la actividad de Dios en la tierra desde el comienzo. Después de mucho estudio para su libro *All The Women in the Bible*, Herbert Lockyer comenta: "una jornada continua (por más de un año) en el mundo de las mujeres de la Biblia, hace que uno se dé cuenta de la íntima asociación de ellas con el propósito de Dios que se despliega".[2]

Ellas no fueron sólo mujeres hermosas como Ester, que llegó a ser reina, ni fuertes como Débora, que sirvió a Israel como jueza y profetisa siendo ambas muy usadas por Dios en coyunturas críticas de la historia judía. También Dios se movió por medio de mujeres "corrientes", mujeres que no estuvieron en "oficios elevados" sino en caminos públicos o menos notorios quizá, pero igualmente poderosos. Él usó madres y hermanas, mujeres que parecían estar haciendo, por naturaleza, la cosa más natural del mundo. Pero, como Job, aun en medio de sus circunstancias, a menudo ellas no tuvieron conciencia de que estaban realmente trabajando de acuerdo con Dios para el avance de su plan en la tierra.

El destino divino de una nación

Para despertar al pueblo debe despertarse a las mujeres. Una vez que ellas se ponen en marcha, se mueve la familia y la nación (Nehru, ex Primer Ministro de la India).

Si uno estudia historia verá que un país alcanzó una alta posición ahí donde sus mujeres tuvieron visión, y que el país retrocedió ahí donde ellas siguieron durmiendo (Indira Gandhi).

Eduque al hombre y educa a una persona. Eduque a la mujer y educa a una nación (*Women*

of Vision 2000 Newsletter, noviembre de 1992 [Boletín de las Mujeres con Visión 2000].
   Nuestro éxito como sociedad y nación depende no de lo que pase en la Casa Blanca sino de lo que pasa en su casa (Barbara Bush, esposa del ex presidente estadounidense Bush).

Así dice la gente de nuestra época, pero esto no es nada nuevo. Piense en la historia de la Biblia.

¿Pensaste alguna vez en el hecho de que el destino divino de una nación, en relación con los propósitos de Dios, yace en las manos de tres mujeres? Jocabed, la madre de Moisés; María, la hermana de Moisés y, sí, la hija de Faraón, aunque fue una idólatra.

Jocabed fue una fuerte mujer de Dios, mujer de fe, mujer "virtuosa" en el más verdadero sentido de la palabra. Ella fue madre de tres hijos, todos los cuales llegarían a ser, en definitiva, grandes líderes de Israel: Aarón, que llegó a ser el primer sumo sacerdote de Israel; María, dotada música, que dirigió las alabanzas de Israel; y Moisés, uno de los más grandes dirigentes de todos los tiempos de la nación. Jocabed invirtió obviamente mucho en las vidas de sus hijos, ejemplo para toda mujer cuyo "valor supera en mucho al de las joyas" (Proverbios 31:10).

La influencia de Jocabed llegó en una época de gran persecución para la nación de Israel. Como el pueblo judío había crecido mucho en la tierra de Egipto, el Faraón les tenía miedo pues eran tantos y él los había tratado tan mal, que temía que en caso de guerra se volvieran contra Egipto y "se una también con los que nos odian y pelee contra nosotros" (Éxodo 1:10).

Como solución determinó disminuir la nación por medio del infanticidio. Faraón ordenó a las parteras judías que mataran a todo niño varón que ayudaran a nacer, esperando así debilitar la potencial fuerza militar de la nación "pero las parteras temían a Dios, y no hicieron como el rey de Egipto les había mandado, sino que dejaron con vida a los niños" (versículo 17).

Faraón enfurecido mandó entonces que su propio pueblo se uniera a la carnicería mandándoles: "todo hijo que nazca lo echaréis al Nilo" (versículo 22).

Durante este peligroso tiempo nació el tercer hijo de Jocabed, un varón, Moisés.

El nacimiento de Moisés fue la manera de Dios para poner en marcha la liberación de su pueblo, la cual Él llevaba casi 400 años planeando. Ellos eran un pueblo que Él planeó hacer una gran nación por medio de la cual Él desplegara su gloria en la tierra.

Dios buscó una mujer, una mujer de fe, una mujer valerosa, una mujer que realmente estuviera dispuesta a pararse frente al enemigo para que se cumpliera la voluntad de Dios en la tierra. Sería fácil pasar por alto la influencia de la parte de Jocabed en todo esto, porque ella lo haría en lo que parece una manera natural, hasta corriente. Ella lo haría respondiendo "al corazón de madre".

La fe intrépida de una mujer

Cuando nació Moisés fue un niño "hermoso", que significa "hermoso para Dios" (ver Hebreos 11:23). Me pregunto qué estaba pensando Jocabed cuando miró la cara de su hermoso y suave bebé. ¿Crees que sintió el llamado especial de Dios en su vida? ¿Piensas que como una mujer de Dios ella veía a todos sus hijos como hijos de destino y que había decidido criarlos a cada uno en tal manera que siempre estuvieran a disposición de Dios para lo que Él se propusiera en sus vidas? Yo pienso que cuando Dios buscó una mujer, Él buscaba a una que ya estuviera haciendo lo que Él necesitaba que ella hiciera, algo que pareciera muy corriente, pero que tuviera resultados eternos de largo alcance.

Hebreos 11:23 dice también que fue "por fe" que Moisés fue escondido por sus padres, "porque vieron que era un niño hermoso [especial] y no temieron el edicto del rey."

Imagina el día en que Jocabed puso a Moisés en esa cesta, depositándola entre los juncos del río, sabiendo la realidad de la situación. Tantas cosas podían salir mal. La corriente podía llevárselo lejos. Seguramente habría animales pedradores dando vueltas por la zona y nadie podía contar por mucho tiempo con el clima. ¿Qué pasaba si lo hallaban los hombres del Faraón? ¿Qué pasaría entonces? Ciertamente que obedecerían el edicto del Faraón de echarlo al río para su muerte. Sin embargo, la Escritura nos dice que ella no tenía miedo. Su fe y confianza estaban en Dios. Ella respondió meramente a esa guía tranquila e interior de Dios que no tiene sentido para la mente natural, pero que es perfectamente sensata para el corazón de una madre, que también estaba lleno de amor por Dios.

Piensa en la rápida intervención de María, la hermana de Moisés, y su valor para acercarse a la hija de Faraón, el mismo que había dictado el edicto.

Fíjate cómo movió Dios el corazón de la hija de Faraón, una mujer idólatra y cómo ordenó Él los pasos de ella. Al mirar ella la cara de ese hermoso bebé, en el cual estaba el favor y el llamado de Dios, su corazón quedó cautivado. Ella era la hija de Faraón sí, pero ¡primero era una mujer!

Los propósitos de Dios serían cumplidos. Nada podría impedirlo, ni siquiera todos los ejércitos de Faraón. Este liberador enviado de Dios no sólo sería preservado sino que también criado justo en la nariz de Faraón, ¡a costas de Faraón! Dios tiene sentido del humor.

La respuesta de estas tres mujeres resultó en que el plan de Dios se movió un paso adelante. Debido a la fe y confianza de Jocabed y María, y hasta la involuntaria respuesta del corazón de la hija de Faraón, Dios pudo usarlas en forma normal aunque clara y estratégica.

¿Qué hay contigo? ¿Hay alguien en tu casa que siempre has sentido que tiene un llamado de Dios para su vida? Como Jocabed, Dios te usará para refugiar, rodear, proteger y ayudar a cumplir ese propósito. Él hará que le sirvan hasta las personas y las situaciones idólatras, para avanzar su plan. No te descorazones. Afírmate como centinela de los miembros de tu familia y "sonríe al futuro" (Proverbios 31:25).

¿Qué hay en ti?

Ana es una mujer que, a primera vista, parecería poco notable. Ella tenía un problema de esterilidad. La Biblia dice sencillamente de Ana que "el SEÑOR no le había dado hijos" (1 Samuel 1:5).

Esterilidad. Qué estado terrible para las mujeres del Oriente. Ser estéril era una vergüenza terrible. Vivir en la misma casa con la otra esposa de tu marido que era capaz de concebir y dar vida, como le pasaba a Ana, tenía que ser excesivamente penoso. La Palabra dice que Ana se lamentaba y lloraba amargamente. Sin duda que estaba profundamente deprimida, luchando contra la desesperación.

El enemigo golpea especialmente en esas zonas vulnerables. Cuando estamos luchando, tratando de encontrarle sentido a la vida, llega el enemigo. Se infiltra para mentirnos sobre el carácter de Dios, la voluntad de Dios para oírnos, su cuidado para con nosotras y su deseo de ayudarnos en medio de nuestra situación. Satanás llega cuando Dios tiene un propósito mayor en mente, cuando Él está cumpliendo algo que llevará tiempo, paciencia y resistencia en nuestras vidas, en una época en que no entendemos. La meta de Satanás siempre es descorazonarnos, hacernos desconfiar de Dios y desviarnos del camino de Dios metiéndonos en nuestro camino, tal como hizo con Eva en el huerto. El enemigo quería usar la situación de Ana para destruirla, pero Dios quería usarla para su propio propósito poderoso para darse gloria a sí mismo y satisfacción al corazón de Ana.

Es importante que nosotras reconozcamos que Dios estaba en la esterilidad de Ana. Él estaba preparando nuevamente algo del cielo para el avance de su plan y propósito en la tierra. Lo vemos moverse conforme al plan en el "círculo de la oración" que mencionamos en el capítulo anterior.

La esterilidad no era solamente el estado de Ana sino también el del pueblo de Dios en esa época de la historia. Primera de Samuel 3:1 dice: "La palabra del SEÑOR escaseaba en aquellos días, las visiones no eran frecuentes." El sacerdocio estaba cargado de pecado. "Los hijos de Elí eran hombres indignos; no conocían al SEÑOR" (2:12).

Dios anhelaba compartir su corazón, su Palabra con su pueblo. Él necesitaba un corazón abierto ante Él, un oído que le escuchara, una boca que hablara por Él.

Dios buscaba a alguien que llevara la carga en oración para dar realmente una respuesta a este problema de "nacer" primero en el espíritu. Encontró a Ana, una mujer que se lamentaba por la esterilidad de su propia matriz en la época en que Él lamentaba la esterilidad de toda la nación. Él puso en el corazón de ella la carga que correspondía a la carga de su propio corazón. Me gusta como lo dice Arthur Matthews en su libro *Born for Battle* (Nacida para batallar), "¡el problema era de Dios, la oración era de Ana!"[3]

Al empezar Ana a clamar a Dios por la satisfacción de lo que ella pensaba era el anhelo de su propio corazón, ella no se daba cuenta de que estaba cumpliendo el destino divino. Ella estaba haciendo algo que era natural para una mujer: ¡quería un bebé! Pero también Dios.

Sin embargo, en el lugar de angustia, Ana estaba obrando en cooperación con Dios, para dar nacimiento y dar a luz Su mismo plan y propósito para su pueblo. En un sentido, ella era "la matriz del Espíritu" en ese momento.

De las lágrimas, angustia y dolor de esta mujer, Dios iba a traer uno de los más grandes profetas de Israel. El destino espiritual de una nación estaba en juego. Dios usaría las oraciones de una mujer para marcar la diferencia.

Ana, como Job, experimentó un vuelco de su centro. En el comienzo ella había estado llorando por sí misma. Llegó un momento en que, sin embargo, su corazón fue volcado a Dios en forma nueva, como lo demuestran sus palabras, "si tú te dignas mirar la aflicción de tu sierva, te acuerdas de mí y no te olvidas de mí, sino que das un hijo a tu sierva, yo lo dedicaré al SEÑOR por todos los días de su vida y nunca pasará navaja sobre su cabeza" (1 Samuel 1:11).

En esencia, estaba diciendo: "ahora, lo que es mío es tuyo: realmente esto es más de Ti que de mí". En este momento fue concedida su petición: *"y el SEÑOR se acordó de ella"* (versículo 19). El propósito de Dios dio otro paso adelante.

¿Qué hay en ti? ¿Cuál es el grito de tu corazón? Quizá te halles en un estado de "esterilidad" en un aspecto de tu vida o el de tu familia, marido, hijo. Parece como que lo que has anhelado toda tu vida no sucederá. Que tu pena te acerque a Dios y, al derramar tu corazón a Él, sabe que estás obrando concertadamente con Él, como hizo Ana, para producir una gran hombre o mujer para Dios. Pídele que te revele su propósito mayor para tu situación particular. Las cargas de tu corazón no son un error; Dios las ha puesto ahí. Él quiere incorporarte al avance de su reino en la tierra, por amor a Él y para tu satisfacción.

Los que siembran con lágrimas, segarán con gritos de júbilo. El que con lágrimas anda, llevando la semilla de la siembra, en verdad volverá con gritos de alegría, trayendo sus gavillas.

Salmo 126:5,6

Una mujer inteligente

Abigail era un mujer que tenía un matrimonio muy difícil. Estaba casada con un hombre llamado Nabal, un alcohólico. Su nombre significa "necio".

Nabal era un hombre muy rico pero enfadado y malhumorado, hosco y gruñón, tenía una disposición iracunda. "Era áspero y malo en sus tratos" (1 Samuel 25:3), hombre difícil y opresor carente de buen sentido.

En el momento de nuestra historia, David estaba en el desierto de Parán con sus tropas, donde los pastores de Nabal apacentaban sus rebaños. Sabiendo que era tiempo de trasquila, tiempo de fiestas con comida y abundancia para las muchas manos empleadas para ayudar a trasquilar, David envió a diez de sus hombres jóvenes a solicitar algo de Nabal.

> *Subid a Carmel, visitad a Nabal y saludable en mi nombre; y le diréis así: "Ten una larga vida, paz para ti, paz para tu casa y paz para todo lo que tienes. He oído que tienes esquiladores; ahora bien, tus pastores han estado con nosotros, y no los hemos maltratado, ni les ha faltado nada todos los días que estuvieron en Carmel. Pregunta a tus mozos, y ellos te lo dirán. Por tanto, permite que mis mozos hallen gracias ante tus ojos, porque hemos llegado en un día de fiesta. Te ruego que de lo que tengas a mano, des a tus siervos y a tu hijo David.*

(versículos 5-8)

David y sus hombres habían tratado bien a los pastores de Nabal que estaban en los campos y hasta los habían protegido de los malhechores. Ahora él alega esta bondad a Nabal como base para el favor que pide de él. David y sus hombres necesitaban comida.

La respuesta de Nabal muestra el corazón, el carácter y la disposición del hombre. No sólo negó el pedido sino que también habló con burla de David, aquel que era conocido en toda la región por sus hazañas bélicas. De él se cantaba en todas las ciudades de Israel: "Saúl ha matado a sus miles, y David a sus diez miles (18:7). Pero Nabal replica beligerante: "¿Quién es David y quién es el hijo de Isaí? Hay muchos siervos hoy día que huyen de su señor. ¿He de tomar mi pan, mi agua y la carne que he preparado para mis esquiladores, y he de dárselos a hombres cuyo origen no conozco?" (25:10,11).

Los hombres de David regresaron con el mensaje de Nabal. La respuesta de David fue inmediata: "Cíñase cada uno su espada.... Ciertamente, en vano he guardado todo lo que este hombre tiene en el desierto ... y él me ha devuelto mal por bien. Así haga Dios a los enemigos de David, y aun más, si al llegar la mañana he dejado tan sólo un varón de los suyos" (versículos 13,21,22).

Abigail entra en escena

Uno de los siervos de Nabal corrió a advertir de la situación a Abigail, sabía que ellos estaban en grave peligro. "Sin embargo, los hombres fueron muy buenos con nosotros.... Como muro fueron para nosotros tanto de noche como de día.... Ahora pues, reflexiona y mira lo que has de hacer, porque el mal ya está determinado contra nuestro señor y contra toda su casa, y él es un hombre tan indigno que nadie puede hablarle" (versículos 15-17). Obviamente Nabal era bien conocido por su conducta.

Abigail tiene ahora que tomar una decisión. ¿Cómo iba a responder a esta grave situación en que se hallaba? Sin duda que no era inusual para ella; había vivido con este hombre por un tiempo. Así es como él trataba a todos.

Miremos más de cerca a Abigail. ¿Qué clase de vida había tenido con Nabal? Ella tenía dinero, cierta medida de seguridad, sus necesidades físicas estaban satisfechas. Tenía casa, comida y ropa. ¿Y su corazón, su espíritu? Muchas mujeres saben lo que es tener riqueza y todo lo que provee y aún estar vacías por dentro.

El nombre de Abigail significa "gozo de su padre" lo que me dice que ella era el deleite del corazón de su padre. Puedo imaginar que ella complacía, amaba y llevaba risa a su padre y la casa cuando era niña. Ella tenía ternura y sensibilidad, quizá espontaneidad, dentro de ella.

Imagínate en su situación. Ella se había casado y alejado de todo lo que conocía. Su matrimonio debe haberse convertido en una tremenda pena para ella. No era como cualquier novia hubiera deseado, para ni hablar de soñar. Cada día lo vivía con un hombre de espíritu malo. Egoísta y egocéntrico a él le importaba poco la gente fuera de él mismo. Él estaba enfocado en sus necesidades y en las de nadie más. Era brusco, carente de ternura y sensibilidad. No era un comunicador y poco le importaba la intimidad verdadera.

Lo primero que la Escritura nos dice de Abigail es que "era inteligente" (1 Samuel 25:3). Sólo después menciona su belleza.

En el mundo actual donde el aspecto externo es destacado constantemente como de primera y principal importancia, tenemos que acordarnos de qué hace que una mujer sea de inmenso valor para Dios y, luego, para el hombre. No es su belleza externa, su atractivo, su estilo ni su pelo lo que la hace deseable; es su sabiduría, su buen entendimiento, su "belleza interior".

Abigail había aprendido algunas cosas por necesidad de su horno de aflicción. En medio de su propio dolor particular, ella había permitido que el deseo de su corazón se volcara del hombre a Dios. Ella había ganado entendimiento de la voluntad y caminos de su Dios, que sólo Él es sabiduría. Esta era una mujer que había ido a Dios con sus heridas, dolores y desengaños, una mujer cuyo corazón había sido emocionalmente quebrado pero espiritualmente fortalecido.

Ahora se le plantea a ella la pregunta: "¿qué harás en medio de esta grave situación?" Como mujer sabia ella respondió rápidamente y sin temor de hacer lo malo como mujer. Sin decirle a su marido (ver versículos 18,19) ella preparó la mejor comida y mandó al siervo delante de ella. Al divisar a David: "bajó de su asno, y cayendo sobre su rostro delante de David, se postró en tierra" (versículo 23).

Abigail no estaba rebajándose ni manipulando. Esta era una mujer segura y sabia. Ella pide su favor humildemente, al empezar a hablar, sabe que tiene algo que decir, algo que David tiene que oír por su propio bienestar. Es algo profético respecto del llamado de Dios para la vida de él. "Te ruego que permitas que tu sierva te hable, y que escuches las palabras de tu sierva. Ruego a mi señor que no haga caso a este hombre indigno, Nabal, porque conforme a su nombre, así es. Se llama Nabal, y la insensatez está con él" (versículos 24,25).

Abigail habla francamente pero no con una actitud de reivindicación, rabia o venganza. Su corazón ha sido roto, ablandado, tratado por Dios. Ella ha aprendido sus caminos. Ella está simplemente estableciendo las cosas como se demuestran en la vida de Nabal, su conducta y su falta de voluntad para cambiar. "Esta es cosa de locos", dice a David, "cosas de quien rehúsa ser tratado por Dios. Le falta inteligencia". El espíritu de su súplica es "perdónalo porque él no sabe lo que hace".

Al seguir hablando a David, el ungido rey futuro de Israel, ella lo hace con deferencia y respeto pero sin halagos ni palabras manipuladoras. Tampoco lo frena sino que pretende ponerlo en un lugar mejor de su propia reacción a Nabal. Abigail declara: "Vive el SEÑOR y vive tu alma; puesto que el SEÑOR te ha impedido derramar sangre y vengarte por tu propia mano" (versículo 26). Como Abigail conoce a Dios y sus caminos, Dios puede usarla para expresar sus caminos a otros, aun a un rey.

Abigail ha aprendido el freno del Señor. Ella sabe que Él es un Dios de propósito. Él hace buenas todas las cosas en su propio modo y tiempo. Ella sabe que es sabio esperar en Dios y no actuar por cuenta propia. Ella sigue su alocución a David:

> *Te ruego que perdones la ofensa de tu sierva, porque el SEÑOR ciertamente establecerá una casa duradera para mi señor, pues mi señor pelea las batallas del SEÑOR, y el mal no se hallará en ti en todos tus días.... Y sucederá que cuando el SEÑOR haga por mi señor conforme a todo el bien que Él ha hablado de ti, y te ponga por jefe sobre Israel, esto no causará pesar ni remordimiento a mi señor, tanto por haber derramado sangre sin causa como por haberse vengado mi señor. Cuando el SEÑOR haya hecho bien a mi señor, entonces, acuérdate de tu sierva.*

(versículos 28,30,31)

Abigail estaba hablando sabiduría a la vida de David. Ella no quería que nada manchara la gloria del plan y propósito de Dios por medio de él. David respondió con gran respeto y gratitud:

> *Bendito sea el SEÑOR, Dios de Israel, que te envió hoy a encontrarme. Bendito sea tu razonamiento, y bendita seas tú, que me has impedido hoy derramar sangre y vengarme por mi propia mano. Sin embargo, vive el SEÑOR Dios de Israel, que me ha impedido hacerte mal, que si tú no hubieras venido pronto a encontrarme, ciertamente, para la luz del alba, no le hubiera quedado a Nabal ni un varón. Recibió David de*

su mano lo que ella había traído, y le dijo: Sube
en paz a tu casa. Mira, te he escuchado y te he
concedido tu petición.

(versículos 32-35)

Dios mandó a Abigail para influir a David en una coyuntura crítica de su vida. El trono eterno de David y los propósitos continuos de Dios en la tierra fueron afectados para siempre por la acción de ella. Por medio de una mujer el plan de Dios había dado otro paso adelante.

La casa se construye con sabiduría

La *Spirit Filled Life Bible* comenta sobre estos pasajes de la Escritura: "Este es uno de los varios casos de la Escritura en que las mujeres fuertes y capaces son usadas por Dios en situaciones cruciales. Ciertamente Abigail se demuestra digna de ser reina, contrastando totalmente con Nabal, el necio".[4]

Abigail es un bello retrato de lo que Dios tiene en su corazón para la mujer. Él pretendió desde el comienzo que su influencia fuera significativa, que ella no sea silenciada ni rechazada sino más bien respetada y recibida como David a Abigail.

"Con sabiduría se edifica una casa (una vida, un hogar, una familia) y con prudencia se afianza [se establece sobre cimiento bueno y firme] nos dice Proverbios 24:3. Dios pretendió que la mujer abriera la boca con sabiduría: Su sabiduría, para que sea edificada la casa. Este es su diseño designado para ella. Tal sabiduría da gran honor a quien la recibe, cuando se la abraza (ver Proverbios 4:8,9). No es imposible imaginar que en este día y hora, como en el caso de Abigail y David, el futuro mismo de una nación pueda ser afectado por las acciones de una mujer.

Pienso en otras mujeres, como Sara. Ella habló a la vida de Abraham en una época en que el mismo Dios quería separar las obras de sus propias manos (Ismael) de la vida del Espíritu de Dios (Isaac) para el continuo propósito de Dios para sus vidas y el futuro de la nación que Él estaba formando para sí mismo (ver Génesis 21:8-12).

Pienso en Ester, mencionada antes, que arriesgó su vida para confrontar a su esposo, el rey Asuero, cuando todos los judíos de la tierra iban a ser aniquilados. Tal confrontación, no invitada, era ilegal en este reino pagano. Uno estaba sujeto a cierta muerte si no era recibido por el rey.

Mediante las instrucciones de Mardoqueo (análogo del Espíritu Santo) Ester se dio cuenta de que su vida tenía un propósito mucho más grande que la mera mantención de su comodidad inmediata y *status quo*. Las vidas de su pueblo peligraban grandemente y las palabras de Mardoqueo perforaron su corazón: "¿Y quién sabe si para una ocasión como esta tú habrás llegado a ser reina?",

Ella replicó: "Y así iré al rey, lo cual no es conforme a la ley; y si perezco, perezco."

El centro de ella fue volcado y, moviéndose con gran sabiduría, ella llegó a ser instrumento de la liberación del pueblo de Dios tocante a cierta ruina (ver Ester 4:8-16).

Todas estas mujeres, junto con muchas más de la Escritura, fueron "dadoras de vida" tanto por sus acciones como por sus palabras.

Dios ha llamado indudablemente a las mujeres en el curso de los siglos para volcar y preservar naciones enteras por medio de su sabiduría y valor santos por amor a Él y su propósito. Pero, en su mayoría, ellas permanecieron, en el mejor de los casos, sin ser reconocidas por haber tenido significado especial en el plan de Dios y, en el peor, pisoteadas.

Jesús llegó a cambiar todo eso. Él vino a morir por el pecado de la humanidad, el pecado que causó separación, hostilidad, autoprotección resguardada, por un mundo en que el débil es vulnerable ante el fuerte. Uno de los resultados más significativos de su muerte sería que su Espíritu, su vida, su poder, su autoridad serían derramados "sobre *toda carne*; y vuestros hijos y vuestras hijas ... y aun sobre los siervos y las siervas derramaré mi Espíritu en esos días" (Joel 2:28,29; subrayado agregado).

En Cristo no hay "hombre ni mujer [no hay división] todos sois uno en Cristo Jesús" (Gálatas 3:28). En Cristo habrá restauración, un juntarse de eso que Satanás ha desgarrado.

La Iglesia ha sido lenta para entender. Hemos sido débiles en nuestro fundamento. La sabiduría por la cual "la casa" será edificada, casas individuales y la Casa del Señor, es una sabiduría colectiva, una sabiduría santa que debe incluir a hombre y mujer, equilibrando cada uno al otro con sus aportes propios únicos. Nuestra fuerza está en nuestra unidad, juntos para expresar la imagen, el carácter y la naturaleza totales de Dios.

Hoy vemos señales de que Dios está en el proceso de restaurar su diseño original, ese que Él se propuso desde el comienzo y moldeó por sí mismo. Celebra Iglesia, ¡ten ánimo! Tenemos la Palabra de Dios para eso: "Ningún propósito tuyo puede ser estorbado" (Job 42:2).

Algo para pensar

- Nombra las tres mujeres de quienes dependió el plan y propósito de Dios en la época de Moisés.
- Describe las partes que desempeñaron y cómo funcionó cada una a partir de su femineidad "natural". Describe cómo el anhelo de Ana encajó en el propósito mismo de Dios para esa época y de qué manera "el círculo de oración" fue ejecutado en su vida.
- Explica qué quería hacer primero Dios en el corazón de Ana antes que Él respondiera su pedido y cómo eso podría aplicarse a algunas de las oraciones que tú elevas.

12

Los corazones de los padres

> *He aquí, yo os envío al profeta Elías antes que venga el día del SEÑOR, día grande y terrible. Él hará volver el corazón de los padres hacia los hijos, y el corazón de los hijos hacia los padres, no sea que venga yo y hiera la tierra con maldición.*
>
> Malaquías 4:5,6

Los profetas de Dios fueron sus mensajeros. Como mensajeros los profetas han compartido, a través de la historia, el corazón del Dios invisible con su pueblo. Ellos declararon los magníficos propósitos de Dios, su amor eterno, su disciplina, su pena por el pecado y su anhelo de hacerlos caminar en sus caminos para que ellos puedan conocer su providencia, protección y bendición por cuanto Él es su Padre.

El nombre de Malaquías significa realmente "mi mensajero". Como tal fue usado para traer "la palabra inspirada final de la Escritura hasta el Nuevo Testamento".[1]

El doctor James Dobson ha sido un mensajero de la época moderna para la sociedad. Él ha hablado y sigue hablando, fuerte y claramente sobre la importancia de la familia. En su libro *Straight Talk to Men and Their Wives* (Hablando francamente a los hombres y sus esposas), el doctor Dobson expresa:

> El mundo occidental se halla en un cruce de caminos de su historia. Nuestra supervivencia como pueblo dependerá de la presencia o ausencia del liderazgo masculino en millones de hogares.
>
> ¿Por qué asigno tanta importancia a la participación de los hombres en determinar la supervivencia de una cultura? Porque la sociedad moderna puede exceder la estabilidad de sus unidades familiares individuales y las mujeres parecen más conscientes de ese hecho que sus esposos.[2]

La paternidad en el centro del escenario

El tema de la paternidad nunca ha sido cuestión periférica para Dios. ¡Es cosa de estar en el centro del escenario! Al cerrarse el Antiguo Testamento con las palabras inspiradas finales voceadas por Malaquías, oímos el corazón del Padre eterno que habla de los corazones de los padres terrenales.

En esencia Dios dice por medio de este profeta antiguo que antes del "día del SEÑOR, día grande y terrible" (4:5), antes del regreso de Jesús y del juicio final de Dios, tendrá lugar un suceso significativo. Los corazones de los padres y de los hijos serán vueltos de unos a otros y Dios empezará con los padres. Este vuelco divino será "a fin de preparar para el SEÑOR un pueblo bien dispuesto" (Lucas 1:17).

Entonces, para recordarnos cuán vital esto es para el plan y el propósito de Dios, el Nuevo Testamento abre con una repetición de esta palabra. Tal como la era de la Iglesia está por empezar, cuando se anuncia el nacimiento de Juan, aquel que "preparará el camino del Señor" (3:4), se nos dice qué hará él. "E irá delante de Él [Jesús] en el espíritu y el poder de Elías, para hacer volver los corazones de los padres a los hijos, y a los desobedientes a la actitud de los justos, a fin de preparar para el Señor un pueblo dispuesto" (versículo 17).

Debido a que este fenómeno está ligado en Lucas con la venida de Juan el Bautista, no tendemos a asociarlo con sucesos de los postreros tiempos. La referencia en Malaquías parece hacerlo. La *Harper Study Bible* resuelve esta tensión. "Esta profecía de la venida de Elías vislumbra dos cumplimientos, uno en el Primer Advenimiento de Cristo y el otro conectado con el día del SEÑOR. Cristo identificó la venida de Juan el Bautista como cumplimiento preliminar de esta profecía".[3]

Dios quiere hacer algo crítico, entonces, en las familias antes del regreso de Jesús, y tiene que hacerlo significativamente con los padres.

La pérdida del padre

La paternidad sufre una gran fragmentación en el mundo de hoy. Los historiadores suelen relacionar el comienzo de la declinación, muy frecuentemente, con la ida de los padres de las casas, como resultado de la Revolución Industrial de mediados del siglo diecinueve. Sin embargo, lo hemos visto crecer a proporciones alarmantes en los últimos 30 ó 40 años.

David Blankenhorn, en su libro *Fatherless America* (Los Estados Unidos sin padres), expresa:

Esta noche cuarenta por ciento de los niños estadounidenses se irán a dormir en casas donde no viven sus padres. Antes que lleguen a los dieciocho años, más de la mitad de los niños de nuestra nación pasan, probablemente, una porción importante de sus infancias viviendo aparte de su padre. Nunca antes en este país ha habido tantos niños voluntariamente abandonados por sus padres. Nunca antes tantos niños han crecido sin saber qué significa tener un padre.

La falta de padre es la tendencia demográfica más dañina de esta generación. Es la causa principal del deterioro del bienestar infantil de nuestra sociedad. También es el motor que impulsa nuestros problemas sociales más urgentes, desde los delitos al embarazo adolescente al abuso sexual infantil a la violencia doméstica contra las mujeres. Pero a pesar de sus consecuencias sociales a gran escala, la falta de padre es un problema frecuentemente pasado por alto o negado. Sigue siendo en gran medida un problema sin nombre.[4]

La erosión de los ideales éticos y morales

El costo de la falta de padres para nosotros, en cuanto a sociedad, ha sido tan inmenso que desafía toda descripción adecuada. Ninguna parte de nuestras vidas ha quedado sin ser afectada.

William Bennett dice en el *Wall Street Journal*: "Al ver el retrato estadístico de las condiciones morales, sociales y de conducta de la sociedad estadounidense, en un lapso de 30 años, desde comienzos de los años 60 al presente, resulta chocante ver cuán velozmente ha declinado la vida de la nación, a pesar del enorme esfuerzo del gobierno por mejorarla".[5]

El porcentaje del aumento de la delincuencia violenta, los nacimientos ilegítimos, el aborto, la tasa de divorcios y el suicidio de adolescentes es estremecedor y esto solamente de una sola nación occidental: los Estados Unidos de Norteamérica.

Alexander Solzhenitsyn lo dijo así: "El occidente ha emprendido una erosión y oscurecimiento de los ideales éticos y morales elevados. El eje espiritual de la vida se ha apagado".[6]

Solzhenitsyn identifica la raíz del problema. Nuestra declinación cultural es simplemente la prueba de nuestro deterioro espiritual. Al continuar los Estados Unidos en pos del pensar liberal, declarando que no hay absolutos, que la verdad y lo bueno son "relativos" y sujetos a la interpretación de cada persona, el centro espiritual de nuestra cultura se ha apagado. En ninguna parte esta declinación devastadora ha sido más evidente que en el colapso de los valores de la familia.

El enemigo llega como una inundación

¿Cómo llegamos donde estamos hoy? ¿Lo encontró desprevenido a Dios o Él ha estado plenamente consciente y activo en el centro mismo de la destrucción? Revisemos los sucesos de los últimos 40 años y veamos.

A mediados de los 50, los radicales, intelectuales y librepensadores de los campus universitarios de todo los Estados Unidos de Norteamérica empezaron a vocear un mensaje que tendría efectos devastadores. El mensaje era simple y corto pero hablaba libros enteros: "¡Dios está muerto!" anunciaban beligerantes.

En esencia decían: "No hay un poder superior al cual tengamos que rendir cuentas. ¡Haz lo que te haga sentir bien o te parezca bueno! ¡No habrá costos ni consecuencias!"

La Escritura y la historia están llenas con pruebas de que las naciones suben o caen dependiendo de su conducta moral. Los Estados Unidos de Norteamérica fue edificado sobre principios morales espirituales. Esas palabras desgarraron la trama misma de la vida como la habíamos conocido. El fundamento de nuestra nación estaba siendo atacado y todo el mundo occidental sufriría las consecuencias.

Así, pues, empezó un vuelco, un giro de la atmósfera que fue innegable. Para la Iglesia fue el comienzo de una guerra espiritual diferente de todo lo que hasta entonces había enfrentado.

Durante ese mismo marco temporal de referencia, y ciertamente como respuesta a muchas oraciones que se elevaban, Dios empezó a levantar otra voz en la tierra. La voz fue la de Billy Graham, un evangelista joven consagrado que ha predicado el evangelio a, quizá, más gente que cualquier otra persona de la historia. Su mensaje era simple, pero extremadamente profundo: "Dios te ama y Él tiene un propósito para tu vida. Arrepiéntete y tus pecados serán perdonados: Dios no está muerto sino muy vivo y cumpliendo su promesa:

> *Porque vendrá el enemigo como río, mas el Espíritu de Jehová levantará bandera contra él.*

> Isaías 59:19

Con el advenimiento de la televisión a mediados de los 50, los medios de comunicación a las masas pudieron entrar no sólo a las casas sino también a la mente del público. La gente que no hubiera pensado en ir a lugares donde se exponían los puntos de vista liberales e impíos, ahora eran receptores involuntarios al hallar en esa retórica una entrada diaria a las salas de estar de ellos. Lo que empezó con programas de entretención, aparentemente inofensivos, como *Amo a Lucy*, como asimismo los que tenían un tema moral como *Father Knows Best* (Papá sabe lo que hace), iba a transformarse en su momento, en precursor de valores contrarios al reino de Dios. La mente, el corazón y el alma de la sociedad cambiaría drásticamente a medida que los medios de comunicación, el periodismo y la industria de la diversión encontraran nuevas entradas a nuestras conciencias cada vez más adormecidas.

Cuando llegaron los 60, empezamos a ver el fruto de la revolución contra la cultura, con su rebelión total y extrema contra todo "lo establecido". Vimos motines en los campus universitarios, relaciones sexuales libres, drogas y música rock ácido. Desaparecía rápidamente la vida como la habíamos conocido. Lo que una vez se consideró como una apropiada conducta moral decente, estaba siendo redefinido ahora. Nuestro estado de choque por lo que estaba pasando se fue volviendo cada vez menos notorio. Nuestra reacción fue característica, conforme opina Robert Bork en su libro *Slouching Towards Gomorrah* (Holgazaneando en dirección a Gomorra): "Con cada nueva prueba del deterioro, nos lamentamos un momento y luego nos acostumbramos".[7] Es el proverbial síndrome de "la rana en la olla".

Sin embargo, junto con eso, y sucediendo en forma concertada con esta revolución moral, había otra revolución, una revolución espiritual. El Movimiento de Renovación Espiritual de fines de los 60 empezó y se levantó otra "bandera".

Feminismo radicalizado secular

La revolución sexual marchaba a todo vapor a comienzos de los 70. Con ello llegó otra expresión de disidencia, otra voz con otro mensaje de acrecentada intensidad: el del bando feminista radical secular. Muchas mujeres doloridas, enojadas y crecientemente insatisfechas con las desigualdades (reales e imaginadas) de nuestra cultura. Estaban enfurecidas y declaraban que no iban a "¡soportarlo más!" Algunos aspectos que ellas plantearon eran legítimos y debían tratarse. No obstante, la tabla de orden de ellas era revuelta, y el tiempo y la investigación han revelado ocultos factores y motivos virulentos que golpean el corazón mismo y la armonía de la vida familiar como se la había definido en el pasado. Efectivamente, ningún otro movimiento ataca en forma más patente a los valores familiares tradicionales que el de las feministas radicales.

Robert Bork afirma: "El feminismo radical es el movimiento más destructor y fanatizado que nos haya llegado desde los sesenta. Este es un movimiento revolucionario y no reformista... De espíritu totalitario antagoniza profundamente a la cultura occidental tradicional y propone la reestructuración completa de la sociedad, la moral y la naturaleza humana".[8]

El feminismo golpea el cimiento de la sociedad. Sin duda que ataca el corazón mismo del plan de Dios para hombre y mujer y, en definitiva, a la Iglesia.

Considera nada más el programa presentado en la Cuarta Conferencia Mundial de las Naciones Unidas sobre Las Mujeres, realizada en Pekín, donde la plataforma de la acción estuvo dominada por las feministas del Canadá, los Estados Unidos de Norteamérica y Europa. Los temas revelan claramente una de las fuentes clave de la fragmentación de la familia como la redefinición de género (sexual) estilos de vida alternativos, aborto a pedido, libertad sexual para los adolescentes y los derechos del niño por encima de los derechos de los padres. El programa del grupo intensifica y exacerba intencionalmente el quiebre y la fragmentación de las familias que la sociedad está sufriendo tan dolorosamente.

Uno de los objetivos de las feministas radicales es asegurarse de que las mujeres tengan los medios para desarrollar un ambiente en que puedan funcionar totalmente independientes de los hombres. Podemos ver esto abiertamente en tres frentes por lo menos:

- Económico: Igual salario por igual trabajo; eso era una reforma necesaria, pero la ira y el motivo real del corazón subyacentes a esa demanda era, para muchas, el deseo de ser financieramente libre de la necesidad de depender de los hombres.

- Sexual: El sector feminista está compuesto de muchas lesbianas.
- Reproducción: La inseminación artificial sirve para perpetuar la ilusión de que son una "sociedad completa y normal".

En medio de todo esto no sólo existe el desmantelamiento de la femineidad sino también del género sexual mismo, diferencia que fue establecida por Dios cuando miró a Adán y dijo:

> *No es bueno que el hombre esté solo; le haré una ayuda idónea.*

> Génesis 2:18

Esa separación artificial de los sexos para vivir independientemente uno del otro, ataca directamente el núcleo y corazón del plan de Dios. Sus raíces son demoníacas, sencillamente otra táctica del enemigo para impedir que se realice el propósito de Dios en la tierra. Hombre y mujer juntos iban a ser los portadores de la imagen de Dios. El destino de ellos estaba por siempre envuelto en la unión de ellos, en su completación de uno con el otro como testigos de la plenitud de Dios en la tierra.

La fuga de los padres

La fuga de los padres del hogar ha seguido los talones del programa feminista. No digo tácitamente que el problema haya empezado con la mujer o que la culpa sea únicamente de ellas. Las razones son multifacéticas. Sin embargo, creo que la reacción de las mujeres, en gran medida, se ha producido por la falla de los hombres para tomar su lugar apropiado en la familia y la sociedad. Muchas mujeres han endurecido, en su desengaño y dolor, sus corazones para con los hombres. Ellas no han tenido la perspectiva santa de su femineidad y propósito en el esquema de las cosas que tiene Dios. Ellas no han sabido cómo entran en el plan de Dios. Ellas se han alejado de los hombres, en su dolor, dejándolos en su aislamiento.

Las mujeres tienen en la sociedad rica actual más opciones que nunca antes en la historia. Muchas, sabiendo que pueden sostenerse por sí mismas, al menos en forma mínima, simplemente no eligen el matrimonio. Para ellas hasta la carga financiera agregada es un cambio bien acogido respecto de la tensión de un matrimonio malo, fracasado y doloroso. Careciendo de la perspectiva de Dios no entienden cuán crítica es la unión matrimonial y cuán necesarios son ambos para el bienestar de los hijos. David Blankenhorn está de acuerdo: "Los hombres en general, y los padres en particular, son cada vez más considerados superfluos para la vida familiar: o desechables o parte del problema".[9]

Entonces, los niños quedan para sufrir la pérdida, el desastre y la ruina de la familia causada por el abismo que se ensancha entre los sexos.

¿Cuál es la respuesta a la desigualdad siempre creciente entre hombres y mujeres y los destructores problemas morales y espirituales resultantes que destruyen la trama misma de la sociedad? ¿Es la reforma social o, como siempre ha sido, es que la Iglesia debe llegar a ser aquello para lo cual fue llamada a ser desde el comienzo, una demostración del corazón de Dios para el mundo? ¿No es eso lo que quería decir Dios cuando habló por el profeta Isaías?

> *Porque he aquí, tinieblas cubrirán la tierra y densa oscuridad los pueblos; pero sobre ti amanecerá el SEÑOR, y sobre ti aparecerá su gloria. Y acudirán las naciones a tu luz, y los reyes al resplandor de tu amanecer.*
>
> Isaías 60:2,3

Cuando Israel caminaba con su Dios ¿las naciones que los rodeaban no reconocían algo claramente diferente en ellos, algo que les hacía saber que "hay Dios en Israel" (1 Samuel 17:46)?

¿No fue siempre esto el asunto? Dios siempre ha querido que su pueblo sea un testigo de Él, de sus caminos, de su belleza y poder. Su pueblo es para ser un testigo de su capacidad para cuidar y proveer para ellos.

"Antes que Jesús venga a ser glorificado en la tierra, Él viene a ser glorificado en la iglesia: declara Francis Frangipane".[10] Al venir a llenar su Iglesia con su gloria ¿no llenará primero con su gloria a la misma estructura subyacente de su morada, hombre y mujer, redimiéndola, reparándola, restaurándola a su intención original? ¡Seguro que sí!

El corazón de Padre de Dios

El asunto de la paternidad siempre ha sido crítico para el plan de Dios en desarrollo. El versículo bíblico de apertura de este capítulo, tomado de Malaquías 4:6, indica que la bendición o maldición de una nación entera descansa en la respuesta de los padres de esa nación a sus hijos.

Como dijimos previamente, Dios es un Padre antes que nada. Todo lo que Él es, todo lo que Él dice, todo lo que Él hace, fluye de su corazón de Padre. Él anhela compartirse, demostrar y expresar su corazón de Padre: Su corazón de tierna misericordia y compasión, junto con su fuerza y liderazgo. Él siempre ha querido que el mundo lo vea, lo conozca como realmente es. Desde el comienzo su plan fue que "todos me conocerán, desde el menor hasta el mayor de ellos" (Hebreos 8:11).

Jesús dijo repetidamente que había venido para "mostrarnos al Padre", que al conocerle a Él nos volveríamos como Él (ver 2 Corintios 3:18). Los padres terrenales tenían que expresar a su Padre celestial a sus familias. Desgraciadamente no siempre ha sido este el caso. ¿Podríamos decir, rara vez el caso?

Muchos padres terrenales no han sido capaces de amar bien. Algunos han sido abusadores emocional o físicamente. Otros no han estado disponibles para sus familias a nivel emocional o, han estado ausentes por completo. En consecuencia muchos hijos y muchos de nosotros, como adultos, tenemos una noción defectuosa de nuestro Dios Padre. Lo vemos desinteresado, distante y despreocupado. Quizá lo veamos como un capataz duro, frío, crítico, siempre exigiendo que hagamos mejor. Lo vemos como quien nunca nos acepta o nos ama realmente en la forma tierna que nos haría saber en el núcleo de nuestro ser que somos valorados, que estamos a salvo y que somos deliciosamente bien acogidos en su presencia. Así, pues, llegamos a dejarnos atrapar en un ciclo de herida, pérdida, negligencia y dolor, cosa que llevamos con nosotros a nuestros matrimonios y lo pasamos a la próxima generación. El problema no mejora sino que empeora cada vez más.

¿Hay una salida, una forma de recuperación? ¿Ha plantado Dios otra bandera? Yo creo que sí.

La ayuda

No es mera casualidad que en la cumbre del movimiento feminista radical, Dios levantara una voz diferente. Las estridentes voces de las feministas estaban oyéndose cada vez más en toda la tierra, gritando: "¡Mujeres, hagan lo que les corresponde! ¡Rompan las cadenas! ¡Libérense de su existencia mundana! Dedicarse a la familia es un desperdicio trágico de sus habilidades". Sin embargo, Dios iba a traer su propio movimiento de mujeres. Al ponerse en marcha el Movimiento de Renovación de fines de los 60, uno de sus efectos más significativos fue el ejercido en los corazones de las mujeres. Durante este tiempo nacieron Aglow y muchos grupos de mujeres cristianas, grupos que cultivarían y nutrirían el crecimiento de las increíbles cantidades de mujeres que fluyen al Reino.

El gran énfasis de este movimiento de las mujeres fue el hogar y la familia. ¿Coincidencia? ¡No lo creo¡ Las mujeres crecieron y tuvieron una nueva forma de apreciar el plan de Dios para ellas, una nueva comprensión del valor que Dios otorga a la vida y las relaciones, una nueva consagración para ver realizado el plan de Dios.

Sin embargo, este movimiento no estaba libre de fallas. Empezó bien pero se desvió al legalismo que, por un tiempo, saboteó lo que Dios había empezado. Recuerda que esto pasó durante una época en que todo el mundo occidental, hombres y mujeres por igual, eran exhortados a soltarse de todos los frenos. Había un grito en la tierra para ser libre, para no tener que rendir cuentas a nadie. Quizá haya sido como reacción a este flagrante rechazo de la responsabilidad de rendir cuentas, que unos queridos hombres de Dios empezaron a predicar un mensaje que abordaba este fresco movimiento de Dios. Estos fueron hombres que amamos, de los cuales recibimos mucho y que, no me cabe duda, deseaban sinceramente ver que llegara el reino de Dios.

La enseñanza legalista exagerada de la sumisión de las mujeres se volvió la orden del día, orden que efectivamente las silenció en las vidas de sus maridos y contrarrestó precisamente aquello que Dios estaba empezando a establecer. Subsecuentemente, la enseñanza legalista de las mujeres se transformó en lo que se llamó "El Movimiento del Pastoreo" que trataba primordialmente a los hombres. Ellos también fueron puestos bajo la estricta autoridad de otros hombres, creando una "cadena de mando" que, en esencia, enseñaba que a nadie se le podía creer que oyera a Dios por sí mismo.

El Movimiento de Renovación fracasó, pero Dios no fue hallado con la guardia baja. No se desperdició tiempo pues Él siguió obrando tan profundamente en los corazones de las mujeres, haciéndolas crecer, madurándolas espiritual y emocionalmente. Dios estaba preparando a "la ayuda" que Él había diseñado para el hombre, a la espera del día en que Él pudiera presentársela de nuevo. Ese día dependería de la receptividad del hombre.

Las mujeres han emprendido una restauración en estos últimos 30 años. Hemos logrado una gran medida de integridad. Hemos aprendido mucho sobre quiénes somos, cómo estamos diseñadas y cuán intencional es nuestro diseño. En la sociedad actual esta comprensión resulta más urgente que nunca.

Revisemos un momento el diseño de la mujer porque esta verdad es crítica para el bienestar de la familia, la Iglesia y la nación, y nos servirá para entender una de las maneras significantes en que Dios "volverá los corazones de los padres" en esta hora precaria.

Matrimonio por designio

Aunque el matrimonio fue concebido para que sea la fuente de gran bendición y satisfacción, desde el comienzo fue también un remedio. Fue el remedio para el problema de la soledad del hombre. Su estado "no era bueno". Dios observó que una esposa sería de suma ayuda para él.

Consideremos por un momento qué dice James Dobson sobre el matrimonio y el papel que desempeñan las mujeres en las vidas de sus maridos. Refiriéndose al libro *Men and Marriage* (Hombres y matrimonio), de George Guilder, escribe:

> A menudo el varón soltero es una amenaza para la sociedad. Sus tendencias agresivas carecen de freno en gran medida y son potencialmente destructoras. En cambio, la mujer está naturalmente más motivada a lograr la estabilidad de

largo plazo. Sus inclinaciones maternales (existen en toda cultura) la influyen para que desee un hogar y una fuente de ingreso estable. Ella quiere seguridad para ella y sus hijos. Súbitamente vemos la belleza del plan divino. Cuando un hombre se enamora de una mujer, se dedica a cuidarla, protegerla y mantenerla y, súbitamente, él se vuelve en el soporte principal del orden social.

En lugar de usar sus energías para satisfacer sus propias lujurias y deseo, él suda para edificar un hogar y ahorrar para el futuro y busca el mejor trabajo disponible. Sus impulsos egoístas están inhibidos. Sus pasiones sexuales son canalizadas. Él descubre un sentido de orgullo porque él es necesitado por su esposa e hijos. Todos se benefician de la relación. Cuando la sociedad está formada por familias que están establecidas en este plan, entonces la nación es fuerte y estable. Este es el gran aporte del matrimonio a la civilización.[11]

Sin embargo, todo eso no sucede automáticamente sin un plan ni propósito, sin andar conforme al designio diseñado por Dios.

Como dijimos, el problema inicial que Dios detectó, para cuya solución fue hecha la mujer, era la "soledad" del hombre. Ella fue diseñada y equipada en forma tal que "rodearía y protegería" al varón, no tan sólo contra su soledad física sino la emocional: es aparte de él que tan fácilmente permanece distante, aislada y sin estar disponible.

La mujer fue diseñada física, emocional y sexualmente para ayudar al hombre. El mismo hecho que la mujer sea primeramente un ser relacional, que no pueda funcionar con integridad por mucho tiempo sin conversar, sin compartir vida, sin conectarse a nivel más profundo que las noticias vespertinas y en el dormitorio seguir siendo sensible y apasionada, todo eso es parte del designio de Dios. Como la sexualidad de ella está muy profunda en ella, para acceder al cuerpo de su esposa en forma continua y crecientemente significativa, el hombre debe aprender a salir de sí mismo en forma emocional y entrar al corazón de ella. Para tener una relación verdaderamente satisfactoria con ella, el hombre debe ser llevado a un lugar más profundo de su propio corazón, más allá de las pasiones físicas de su cuerpo, para que él pueda compartirlo con ella.

Aunque primero esto le parezca incómodo a él, y puede que no entienda por entero qué es lo que su esposa necesita de él, resulta esencial que entienda que esto no es una exigencia egoísta de ella ni tampoco es "cosa de mujeres". Efectivamente es "cosa de Dios". Él ha puesto en el corazón de la mujer esa profunda necesidad de intimidad emocional y lo hizo intencionadamente. La salud de la familia depende de ello.

El matrimonio es el escenario primordial que ha dado Dios para reparar las viejas heridas, para restaurar el daño que aísla, que nos mete a todos dentro de nosotros mismos haciéndonos hostiles para con el prójimo (aunque sea en secreto) pero en particular para con el varón. Aquí, en relación con su esposa en quien puede "confiar a salvo" su corazón, (ver Proverbios 31:11) Dios pretende empezar a llevar al hombre a la integridad.

Al ser atraído el hombre para que salga de su soledad, su corazón se agranda para conocer verdaderamente a su esposa, para vivir inteligentemente con ella. Con esta comunión viene una mayor sabiduría, por lo menos, en cuatro niveles.

Primero, no sólo llega a conocer más íntimamente a su esposa sino que también llega a conocer más profundamente su propio corazón. Al hacerse él "presente" a ella, él se vuelve presente para sí mismo. En esta relación "reflejada", se refleja no sólo el corazón de ella sino también el suyo propio. John Powell, que escribe mucho sobre relaciones e integridad personal, declara que podemos conocer de nosotros mismos solamente tanto como hayamos tenido el valor de confiar en otras personas.[12]

Paul Tournier concuerda con Powell cuando dice: "El que quiera verse claramente a sí mismo debe abrirse a un confidente, libremente escogido y digno de tal confianza".[13] ¡Con cuánta belleza opera la dinámica del matrimonio, como Dios concibió que funcionara, dando la clase de seguridad en que puede haber esa clase de crecimiento personal!

Segundo, se afecta la relación del hombre con el Señor. Nuestra relación con el prójimo, como nos dice 1 Juan 4:7:8 revela la autenticidad de nuestra relación con Dios. Esto siempre ha sido designio de Dios y, ciertamente, una de sus principales razones para no querer que el hombre siga solo. A menudo la falla de una relación con aquellos más cercanos a nosotras, nos acusa de nuestra verdadera condición ante Dios. Una puede ser "nacida de nuevo" y, no obstante, seguir emocionalmente cerrada para Dios y el prójimo, permaneciendo de este modo, emocional y espiritualmente inmadura.

El tercer nivel de "saber" se refiere al pasaje bíblico que abre este capítulo. Como los corazones masculinos se agrandan para recibir y conocer a sus esposas, a menudo por medio de esta unión, sus corazones son preparados y abiertos para también abarcar a sus hijos.

Cuando un hombre empieza a sentir que es "seguro" ser emocionalmente vulnerable, se vuelve capaz de proveer esa seguridad emocional a quienes le rodean. Los niños son los beneficiarios de la recién hallada libertad de su padre. Marilyn Williamson, la esposa de mi ex pastor, dice a menudo: "Lo que sale del corazón llega al corazón". Los niños empiezan a sentir la seguridad del corazón de su padre y su presencia emocional en sus vidas. Como resultado, empiezan a responder en la misma forma. Aunque puede llevar un tiempo si el daño ha sido muy grande, sus corazones se volverán automáticamente "hacia sus padres".

Rick Joyner, fundador y director ejecutivo de Morningstar Publications (Editorial Lucero Matutino) comentaba recientemente: "No hay padres sin una mujer presente. Hay muchos profesores pero muy pocos padres. Dios anhela ver que los padres den un paso al frente". La relación del hombre con su esposa es crítica para este proceso.

Este escenario doméstico es el trampolín de casi todo lo valioso que haga un hombre en su vida. Aquí aprende las destrezas necesarias para la sociedad total.

Se abre un cuarto nivel de "saber" para el hombre que ha llegado a ser conocido en su propio hogar. Como marido de una mujer virtuosa en quien ha aprendido a confiar con seguridad su corazón, él llegará a ser "conocido en las puertas cuando se sienta con los ancianos de la tierra" (Proverbios 31:23). La iglesia y la comunidad cosecharán el reflujo de la intimidad restaurada en la relación entre marido y esposa. En 1 Timoteo 3:4,5 se nos dice que aquellos que dirijan y administren la iglesia deben haber aprendido, primero, cómo dirigir y administrar con bondad a su propio hogar. El verdadero corazón de pastor requiere las mismas destrezas, la misma vulnerabilidad y presencia en la relación, la misma clase de compromiso y amor, sólo que en mayor escala.[14]

Resulta interesante que Adán haya sido primeramente instruido a cultivar (guardar y proteger) el huerto, su hogar, el lugar donde vivía, aunque llegaría el momento en que tendría dominio sobre toda la tierra. Debido a que no lo hizo así, fue que entró el enemigo. Adán perdió no tan sólo el huerto sino también la tierra. Hoy, esta es una lección para nosotros.

Eva falló, por ignorancia, en ser la ayuda que necesitaba el hombre. Como resultado de sus acciones tomadas en conjunto, empezó una guerra civil en el núcleo de la coronación de la creación de Dios: hombre y mujer, la cuál sigue hasta la fecha. El mundo continúa en gran caos, destrucción y confusión.

Las tinieblas profundas han cubierto la tierra, pero nuestra luz, la luz de la Iglesia, ha llegado. Estamos viendo la intención original de Dios. Conocemos la respuesta. Nuestra fuerza vendrá solamente al reconciliarse hombre y mujer a un nivel nunca antes conocido por nosotros. Cuando los hogares estén ordenados, cuando los corazones de hombres y mujeres estén apropiadamente comprometidos en apreciarse uno a otro como Dios designó que fueran, el flujo automático será que la Iglesia estará en orden.

Busquemos sabiduría en el Señor; humillémonos ante Él y pidámosle que revele actitudes de nuestros corazones que puedan impedir que sus propósitos se cumplan en este día y hora.

Por sobre todo recordemos que ningún propósito de Dios será estorbado y consolémonos con las palabras de Malaquías, el mensajero de Dios. Esto es una palabra profética de promesa:

> *Mas para vosotros que teméis mi nombre, se levantará el sol de justicia con la salud en sus alas; y saldréis y saltaréis como terneros del establo (4:2).*

Algo para pensar

- ¿Cuáles son algunos sucesos de nuestra historia reciente (los últimos 40 años) que han contribuido al estado presente del mundo occidental?

- Describe en qué manera ha sido afectada por esos sucesos la ideología de las mujeres del mundo secular. ¿Cuáles son algunos hechos correspondientes acaecidos durante el mismo período que nos señalan que Dios no ha sido tomado por sorpresa?

- Describe qué ha estado haciendo Dios en los corazones de las mujeres cristianas en los últimos 30 años y cuál es su propósito en esto.

13

¡No iré sin ti!

> Le respondió Barc: Si tú vas conmigo, yo iré; pero si no vas conmigo, no iré.
>
> Jueces 4:8

Israel estaba haciendo nuevamente el mal a ojos del Señor y, de nuevo el Señor entregó al pueblo en manos de sus enemigos. Esta vez fue el rey Jabín de Canaán que, "había oprimido duramente a los hijos de Israel por 20 años", hasta que ellos, desesperados, clamaron socorro al Señor. Y Dios les envió ayuda, por medio de una mujer, el nombre de ella era Débora.

Débora era una profetisa que habla de su relación con Dios. También era conocida como esposa de Lapidot, lo que indica que tenía una adecuada relación con su marido. También era una jueza o dirigente de Israel. La Escritura menciona solamente a dos personas que fueron a la vez juez y profeta. Samuel fue uno, Débora la otra.

"Los jueces fueron árbitros judiciales, fueron (también) 'libertadores' facultados carismáticamente con poder por el Espíritu Santo de Dios para libertar y preservar a Israel".[1]

Aunque Débora tuvo una posición eminente en la sociedad y también, el llamado de Dios en su vida, ella estaba cómoda en su papel de esposa y dueña de casa. La Escritura no indica que ella se irritara en este papel aunque obviamente era una mujer estadista muy dotada. No se dice si Débora tuvo hijos. Si los tuvo, puede que hubieran llegado a cierta madurez en esta época de su vida.

Débora tenía el amor y el aliento de su esposo. Es improbable que sin el apoyo de él, ella hubiera llegado a ser la dirigente que fue en aquella época. Él era lo bastante seguro y humilde para reconocer el llamado de Dios en la vida de ella y permitirle que fuera usada en forma tan increíble y poderosa. Tal libertad no melló la identidad de él en absoluto: después de todo ella era conocida como "a esposa de Lapidot" Como se le menciona por su nombre, probablemente él también fue hombre de cierto renombre.

Débora era la cabeza política y judicial de la nación y sumamente respetada por quienes le servían, como asimismo por todo Israel. Sus habilidades ejemplares de liderazgo no surgían del talento natural; más bien eran el resultado de su estrecha relación con Dios.

Como profetisa ella pudo oír la Palabra y el corazón del Señor y, luego, anunciarlo al prójimo. Su nombre significa literalmente "abeja" por el "sentido de movimiento ordenado" e "instintos sistemáticos".[2] La raíz hebrea de su nombre es *dabar* que denota "arreglar, disponer" pero que se emplea con sentido figurado para decir "hablar" (palabras).[3] Según el *Gesenius Hebrew and Chaldee Lexicon* (Léxico hebreo y caldeo de gesenius) significa "poner las palabras en orden".[4]

De todo lo que aprendimos sobre el diseño de Dios para la mujer, de la manera en que Dios la hizo funcionar, no debiéramos sorprendernos de que el liderazgo de esta mujer estuviera específicamente enlazado, aun por el nombre de ella, a su habilidad de "hablar", oír y comunicar la Palabra del Señor con claridad e inteligencia.

Debido a su íntima relación con Dios ella también fue una guerrera, una dirigente militar que se movió con gran sabiduría y autoridad. Una vez que Débora se aseguró de que había oído a Dios, se movió rápidamente para poner en acción Su orden.

En este caso ella había oído por el Espíritu de que era tiempo de terminar la opresión del rey Jabín. Ella citó a Barac, el comandante en jefe de los ejércitos de Israel, hombre que está inscrito en Hebreos 11:32 junto a los grandes hombres de la fe.

> *Esto ha ordenado el SEÑOR Dios de Israel: Ve, marcha al monte Tabor y lleva contigo a diez mil hombres". Y yo lo entregaré en tus manos [al comandante del ejército de Jabín].*

> Jueces 4:6,7

La respuesta de Barac es interesante. Aunque él es un militar, un hombre de gran fuerza, experto en conflictos militares, esta vez hay algo diferente. Su respuesta atestigua su gran admiración y confianza en esta mujer: "Si tú vas conmigo, yo iré; pero si no vas conmigo, no iré" (versículo 8).

Aunque a él se le dice que no obtendrá todo el honor de la victoria (en esta batalla en particular es una mujer, de nombre Jael, la que asestará el golpe mortal a la cabeza del enemigo, versículos 9, 21), eso no le importa.[5]. Si vas conmigo ... para dirigirme y asesorarme, y en caso de dificultad para darme a conocer la idea de Dios, entonces iré... Barac valora el buen éxito de su empresa más que su honor y, por tanto, no retirará su pedido de ninguna manera", comenta Matthew Henry.[6]

El asunto para Barac y los ejércitos de Israel no era que una mujer estuviera presente sino el resultado exitoso de la guerra. A él le preocupaba más el bienestar de la nación que su reputación individual. También sabía que los esfuerzos combinados, en que cada uno aportaba sus fortalezas particulares, aseguraría la victoria. ¡Y triunfaron!

> *Así sometió Dios en aquel día [el día en que unieron fuerzas Barac y Débora y fueron a la guerra contra sus enemigos] a Jabín, rey de Canaán, delante de los hijos de Israel. Y la mano de los hijos de Israel se hizo más y más dura sobre Jabín, rey de Canaán, hasta que los destruyeron (versículos 23,24).*

¡Qué celebración hicieron!

> *Entonces, Débora y Barac... cantaron en aquel día, diciendo: ¡Por haberse puesto al frente los jefes en Israel, por haberse ofrecido el pueblo voluntariamente, bendecid al SEÑOR! (5:1,2).*

Los dirigentes habían guiado y el Señor fue bendecido. El asunto no era cosa de hombre o mujer; la cosa era la unción, el llamado y el equipamiento de Dios que los hizo líderes, hombre y mujer.

Sobre los hijos y las hijas

Tal como la llegada del espíritu de Elías para volver los corazones de los padres (mencionado en nuestro capítulo anterior) tiene cumplimiento doble, asimismo indica un patrón similar el mensaje de Joel 2:28,29 que se refiere al derramamiento del Espíritu de Dios. Algunos lo llaman "la lluvia temprana y la tardía" del Espíritu de Dios (versículo 23): la primera en Pentecostés después de la resurrección de Cristo y la última, una medida acrecentada de su Espíritu derramada justo antes que Él venga a juzgar las naciones, mencionado en Joel 3.

Lo que daba especial significado a esta promesa era que el Espíritu de Dios sería derramado sobre *todos* los que se arrepientan e invoquen el nombre del Señor. Ya no habrá más unos pocos elegidos. Toda clase de gente: jóvenes, viejos, esclavos, libres, ricos, pobres, judíos, gentiles (de cada nación), hombre y mujer, serán incluidos en esta plenitud y equipamiento del Espíritu de Dios para ser cambiados a Su semejanza y representarlo al mundo. Será la reconciliación final del cuerpo de Cristo con el propósito de mostrar definitivamente su gloria en la tierra.

Jesús rogó por su cuerpo "para que todos sean uno. Como tú, oh Padre ... para que el mundo crea que tú me enviaste" (Juan 17:21). En esencia Jesús decía: "se necesitará a todos ellos, con amor y unión de uno con otro, para desplegar verdaderamente todo lo que yo soy".

La parte más radical de la promesa fue, no obstante, que su Espíritu sería derramado sobre las *mujeres*. Habría una reconciliación entre toda nación, toda clase cultural, pero ¿hombre y mujer? ¡La cultura judía no podía imaginar siquiera algo así! En aquella época, las mujeres ni siquiera podían educarse formalmente en la religión judía. ¡Ahora, Joel anunciaba que ella tendrían toda la unción de Dios! No sólo las "hijas" recibirían esta bendición inaugural sino también las *esclavas* (doncellas), aquellas que tenían menos derechos aun, ¡la clase más baja entre las clases!

La respuesta de ellas debe haber sido más o menos como la nuestra hoy, aunque nos cueste admitirlo. Aunque nosotras hayamos recibido alegremente el anuncio de Joel y dado grandes pasos para remendar la brecha entre las denominaciones y las razas, aún nos falta por experimentar la plena medida de la reconciliación de la parte más crítica del cuerpo de Cristo. En gran medida aún existe la división entre esa parte de lo cual se anunció primero que sería la imagen y semejanza de Dios, esa parte que sufrió primero la terrible fisura, esa parte que es el cimiento de cada raza y cada denominación: hombre y mujer.

Sin embargo, Dios *está* moviéndonos hacia un nuevo día. Él está revelando su corazón para su pueblo. Él se está moviendo para reconciliarnos, no sólo como Iglesia colectiva y como parejas sino también como individuos. Él nos está reconciliando con nosotros mismos en el núcleo de nuestro ser. Antes que las mujeres puedan moverse totalmente a su lugar designado, debe haber mucha sanidad. Años de heridas desmoralizantes, discriminación e insolencia deben ser curados. La única persona de la Escritura que creo es el ejemplo vivo del estado de la mujer a través de los siglos es la mujer encorvada de Lucas 13.

La mujer liberada de la esclavitud

Algunos de los sucesos más conmovedores que registra la historia bíblica son, a menudo, de personas sin cara ni nombre, a menudo mujeres. Es como si sus nombres no importaran sino las tremendas cantidades representadas por ellas, las que se identificarán personalmente con ellas. A través de la historia, seguirán hablando al ir siendo tocados y ministrados millones por sus historias.

Tal es el caso de la mujer de Lucas 13 que había vivido con un espíritu de enfermedad por 18 largos años. *La Biblia al Día* dice que ella "andaba encorvada" (versículo 11).

La *Strong's Concordance* (Concordancia de Strong) nos dice que enfermedad (*astheneia*, astenia en español) significa "debilidad, fragilidad, calidad de enclenque, sin fuerza".[7] Esta enfermedad la había hecho encorvarse (versículo 11). Ella era incapaz de mirar para arriba. Si la hubieras conocido, no hubiera podido mirarte a la cara ni a los ojos. Sus ojos estaban siempre mirando para abajo; lo único que veía era el suelo.

Este es un cuadro de muchas mujeres invalidadas, incapaces de enderezarse ellas mismas. En mi ministerio he tenido el privilegio de viajar por unos 70 países del mundo. Gran parte del tiempo lo uso hablando y compartiendo con mujeres, escuchando lo que tengan que decir, animándolas con la Palabra del Señor. No importa cuál sea la cultura o circunstancias individuales de ellas, encuentro a muchas encorvadas por las heridas de la vida, las preocupaciones de los matrimonios e hijos. Muchas luchan con una profunda sensación interna de herida e inferioridad de sí mismas como personas pero específicamente como mujeres. Su baja autoestima y escaso sentido de valor puede verse fácilmente en muchas caras. Son la clara demostración de la estrategia del enemigo para debilitar a las mujeres haciéndolas impotentes e inútiles, ante sus propios ojos como los del prójimo. Los matrimonios, el hogar y la iglesia han sido debilitados en todas partes por las insidiosas tácticas de Satanás.

La Escritura dice sencillamente de esta mujer enferma de Lucas 13 que "de ninguna manera se podía enderezar" (versículo 11). Ella era totalmente incapaz de enderezarse ni tampoco podía funcionar normalmente como Dios la había concebido. Ella estaba esclavizada y era impotente para hacer algo. Jesús dijo que ella era una mujer "a la que Satanás ha tenido atada durante dieciocho largos años" (versículo 16).

Resulta interesante notar dónde encontró Jesús a esta mujer. Ella estaba ¡en la "iglesia"! Aunque estaba enferma y su movimiento era muy restringido, ella quería estar en la sinagoga entre el pueblo del Señor para el día de reposo. Ella amaba a Dios, evidentemente.

Mientras enseñaba Jesús miró a la multitud y su atención se volcó a esta mujer. Tomando la iniciativa Él la llamó: "¡Mujer!"

¡Imagínate los pensamientos que deben haber cruzado precipitadamente por la mente de ella en ese momento! ¿Vergüenza? ¿Estupefacción? *¿Por qué Él me llama en medio del* *servicio del día de reposo?* ¿Esperanza? ¿Expectativa? ¿Había oído ella de sus grandes poderes?

La torpeza de su movimiento le hubiera dificultado llegar rápido a cualquier parte, y ni hablar hasta aquel que predicaba esa mañana. Pero Él se había fijado en ella, aun por encima de todos los demás ahí sentados.

Al acercarse a Él ella empezó a oír palabras de vida y salud. Sus oídos, su mente, apenas podían recibirlo todo. "Mujer, has quedado libre de tu enfermedad", declaró Jesús (versículo 12). Aun antes de ser llamada, Él había respondido. Ella no lo había buscado a Él por su favor sino que Él tomó la iniciativa. Aunque ella no podía en forma alguna levantarse, Jesús, el Gran Médico, ahora de pie ante ella, estaba levantándola con palabras de compasión y vida. "Mujer", le dijo Jesús, "estás libre de tu estado, de tu inhabilidad para funcionar conforme a lo concebido, de tu fragilidad y debilidad, de tu sufrimiento y dolor, ¡Estás sana!"

Cuando Él le impuso sus manos, ella se enderezó de inmediato. En un momento lo que una vez estuvo torcido fue enderezado. Ella se paró derecha, sanada de su condición de inválida, liberada de la vergüenza producida por su sentido de defecto. Ahora era capaz de mirar a la gente a sus ojos, de hablar cara a cara con ellos y de funcionar como Dios había designado originalmente.

La reacción indignada

El jefe de la sinagoga estaba indignado por las acciones de Jesús. Él exigió saber por qué Jesús había sanado a esta mujer en el día de reposo. Jesús, como tan a menudo lo hacía, respondió la pregunta con una suya. "Y ésta, que es hija de Abraham, a la que Satanás ha tenido atada durante dieciocho largos años, ¿no debía ser libertada de esta ligadura en día de reposo?" (versículo 16).

Jesús la identifica como "hija de Abraham". Él estaba usando este término en su pleno significado espiritual, declara G. Campbell Morgan, "al revelar ella su fe en Dios".[8] Matthew Henry prosigue diciendo: "Por tanto, ella tiene derecho a las bendiciones del Mesías"[9] (las bendiciones de integridad, restauración, victoria sobre sus enemigos, herencia de mandato y propósito). Ella es una hija del pacto.

Una pregunta nueva

En estos últimos 25 a 30 años, he observado el movimiento sin precedentes del Espíritu de Dios en las mujeres de todo el mundo en formas tan desacostumbradas y en cantidades continuamente crecientes que, cuando pienso en el significado de todo lo que Él ha estado haciendo, creo que el Espíritu de Dios ha sido enviado a la tierra a plantear de nuevo la pregunta de Jesús: "Y ésta, que es hija de Abraham, a la que Satanás ha tenido atada durante dieciocho largos años, ¿no debía ser libertada de esta ligadura en día de reposo?"

Efectivamente, pues, ¿no vino Jesús a libertar a todos los que creen en Él como el Mesías de las ataduras de la Caída, la devastación que el enemigo de Dios, Satanás, introdujo en el huerto? ¿El Hijo de Dios no ha sido enviado a traer de nuevo el reino de Dios como se lo propuso y deseó desde el comienzo? El enemigo de Dios teme una cosa más que todo: que el Cuerpo de Cristo despierte por fin a su verdadera identidad y empiece a funcionar como los herederos de Cristo que efectivamente somos ¡juntos!

El corazón del asunto

Tal es el propósito subyacente de esta profunda obra de sanidad que Dios ha estado haciendo en el corazón de la mujer. Incapaz de enderezarse, Dios, por su Espíritu, ha estado despertándola y reconciliándola a su femineidad como

Él quiso que fuera. Ella está siendo despertada a su derecho de nacimiento y herencia, no sólo por ella misma, sino también como paso inicial hacia la plenitud de todo lo que Dios ha ordenado para ella.

Imperativo es que esta reconciliación ocurra primero dentro del propio corazón y espíritu de ella. Al ir siendo sanados todos los "lugares encorvados" de vergüenza, heridas y rabia, entonces ella quedará libre para ser la "ayuda" de su esposo, familia y, en última instancia, las ciudades y las naciones del mundo.

La restauración que Dios desea para las mujeres no se trata de posiciones en las juntas de la iglesia; no se trata si pueden ser pastoras o líderes siguiendo aún la "sana doctrina". Podemos tener mujeres en todos esos puestos. Hoy, como en la primera Iglesia del Nuevo Pacto, tenemos mujeres como Junia, que fue nombrada entre los apóstoles en Romanos 16:7.[10]

Tenemos mujeres como Febe, una diaconisa identificada específicamente como dirigente o administradora de las cosas de Dios que, a veces, trabajaba con Pablo (ver Romanos 16:1,2).[11] Hay mujeres como Prisca, una profesora de hombres y mujeres (ver Hechos 18:24-26).

Aún nos estamos pasando por alto el corazón de Dios. Aunque tenemos mujeres en todos esos papeles, aún nos ponemos nerviosos por eso, incómodos, inseguros de que sea totalmente apropiado. La razón es que la cosa cala mucho más hondo que eso. No se trata si las mujeres pueden enseñar o tener oficios en la Iglesia. Se trata de la imagen de Dios, la semejanza y la gloria de Dios manifestándose en la Iglesia, varón y hembra. Se trata de unirse como Él lo diseñó desde el comienzo. Se trata del respeto que sale de una *revelación del corazón* sobre el aporte vital de ambos, varón y hembra, y de la devastación que resulta cuando uno falta o no funciona.

Juntos seremos plenamente equipados para denunciar las obras de las tinieblas y contrarrestar las mentiras que el enemigo ha perpetrado a través del tiempo. Juntos devastaremos el campamento del enemigo y recobraremos lo que él

robó: a nosotros y ¡a Dios! Cuando entendamos verdaderamente eso terminará nuestra lucha.

Llamada a las plañideras

A menudo en la historia Dios llamó a las mujeres cuando
la nación de Israel tenía problemas. Cuando la muerte reptaba
en las ciudades y naciones, en las calles y hogares, Él llamó
a las mujeres que sabían cómo orar, para sentar la diferencia
en esa situación. Tal es el caso de Jeremías 9. Dios había
enviado al pueblo un profeta que se lamentaba, pero no
escuchaban al profeta. Ahora Dios llama a las plañideras. Este
es un pasaje bíblico que puede aplicarse exactamente a las
condiciones de nuestra época:

> *Así dice el SEÑOR de los ejércitos: Considerad,
> llamada a las plañideras, que vengan; enviad por
> las más hábiles, que vengan, que se apresuren
> y eleven una lamentación por nosotros, para que
> derramen lágrimas nuestros ojos, y fluya agua
> de nuestros párpados. Porque voz de lamenta-
> ción se oye desde Sion: "¡Cómo hemos sido
> arrasados! En gran manera estamos avergonza-
> dos, porque tenemos que abandonar la tierra,
> porque han derribado nuestras moradas". Oíd,
> pues, mujeres, la palabra del SEÑOR, y reciba
> vuestro oído la palabra de su boca; enseñad la
> lamentación a vuestras hijas, y la endecha cada
> una a su vecina. Porque la muerte ha subido por
> nuestras ventanas, ha entrado en nuestros pala-
> cios, exterminando a los niños de las calles, a los
> jóvenes de las plazas.*

> Jeremías 9:17-21

Creo que Dios ha estado nuevamente llamando a las
plañideras que oran. Este movimiento sin precedentes de

Dios en los últimos 30 años ha levantado un gran ejército de guerreras intercesoras. Él nos ha despertado, nos ha moldeado, abierto nuestros ojos para que entendamos sus propósitos en la tierra. Al mirar de nuevo a nuestro alrededor con ojos nuevos, nuestros corazones se han afligido sobremanera. Verdaderamente la tierra se ha vuelto lugar tenebroso. La adicción a las drogas, las violaciones, las muertes de niños y jóvenes por balazos estaban muy lejanos de la persona común. Hoy ninguno escapa del informe diario del noticiero vespertino de estos hechos violentos, a no mucha distancia de nuestros hogares, a veces en nuestros mismos barrios. "¡Nuestros niños son exterminados de las calles, y los jóvenes de las plazas!"

Para muchas mujeres la gran sustancia de sus oraciones ha sido por sus esposos, los padres de sus hijos. Hoy vemos una amplia demostración de que Dios ha empezado a moverse y responder esas oraciones en forma poderosa.

Un movimiento sin precedentes entre los hombres

El versículo 19 del pasaje bíblico de Jeremías 9 declara:

Porque voz de lamentación se oye desde Sion: "¡Cómo hemos sido arrasados! En gran manera estamos avergonzados."

El *Bethany Parallel Commentary* (Comentario Paralelo de Betania) dice: "Algunos entienden esto como el cántico de las plañideras. *Más bien, es un eco de aquel, devuelto por aquellos cuyos afectos fueron conmovidos por sus lamentos* (cursiva agregada)[12]. Aquellos por quienes se lamentaban las mujeres, respondían ahora. Su entendimiento estaba siendo abierto y ellos estaban viendo su verdadera condición.

En nuestra época se ha inquietado un anhelo en los cielos, en el corazón mismo de Dios, el cual ha sido recogido en la tierra por sus doncellas. Hemos orado y estamos empezando a oír una respuesta que sale de Sion.

Randy Phillips, el presidente de Los Cumplidores de Promesas apareció hace poco en la televisión nacional hablando con mucho sentimiento cuando dijo:

> Durante años y años las hijas del Señor, nuestras madres, nuestras esposas, han clamado a Dios. Estas mujeres han visto el mal uso y abuso de la fuerza masculina, han visto que hombres que invocan el nombre del Señor, abandonan sus hogares. Ellas han visto que los hombres las hacen víctimas, trágica, física, emocional y sexualmente.
>
> Ellas ven que los hombres no se paran ni están activo en la iglesia. Ellas ven las comunidades que decaen y han estado clamando a Dios". Esas lágrimas fueron semillas plantadas en el terreno y por la misericordia de Dios, Él está dando esperanza porque está resucitando el corazón recto en sus hijos. Estamos empezando a ver nuestro pecado y a volvernos a Él.[13]

Mientras hablamos en este libro del movimiento sin precedentes entre las mujeres, Dios ha comenzado otro movimiento sin precedentes, esta vez, en los hombres. En los últimos cinco años hemos visto un movimiento colectivo en los hombres, como nunca antes en la historia. Los estadios de todo el país se llenan a rebosar con hombres que se han reunido para adorar a Dios, para reconocer su pecado de abandono y pasividad. Los hombres se comprometen a llegar a ser los maridos, los padres y las buenas influencias en sus comunidades que Dios tanto desea.

Algunos han descrito esto como un movimiento de bases que Dios ha levantado y por medio del cual Él entregará un mensaje a esta nación: que debemos regresar a ponernos bajo la mano soberana de Dios en este país.

Uno de los grandes énfasis de este movimiento es la paternidad. Los hombres están despertando al hecho de que una de la tareas más críticas de la vida de un hombre es la de ser un padre dedicado y responsable de sus hijos. "Es como si nuestra cultura masculina estuviera mirando colectivamente sus relojes y diciendo: 'son las cinco, es hora de volver a casa'".[14] Dios está empezando a "volver los corazones de los padres a sus hijos".

¿Por qué un movimiento así entre los hombres?

Dave McCoombs, director nacional del Ministerio Hombre a Hombre, de la Cruzada Universitaria, contestó, cuando Josh McDowell le preguntó por qué creía que había un movimiento así en los hombres de esta época, que él cree que se debe a que hay una crisis real de la masculinidad, particularmente en los Estados Unidos. Los hombres se han confundido tocante a su identidad, función y sentido de valor. "Esto sale de la desesperación del corazón de los hombres", explicaba. "Las cosas que ellos han sostenido para sí mismos en cuanto a identidad se están derrumbando a su alrededor".[15]

La crisis de la masculinidad ocurrió debido a la crisis de la femineidad. Agarramos vuelo cuando las mujeres militantes enojadas se levantaron entre los años 60 y 70 exigiendo que las oyeran.

Muchas cosas estaban mal entre los sexos; había muchas desigualdades y abusos, pero la respuesta de las feministas fue declarar la guerra, hacer de esto una lucha de poder, poner los bandos uno en contra del otro. El *status quo* entre hombre y mujer se desequilibró para siempre.

Los hombres no tenían idea de cómo responder, cosa comprensible. La respuesta feminista fue la de competir, no completar, la que no dejaba lugar real para los hombres. Las mujeres (de la mentalidad feminista) ahora lucharían por dominar, por mandar, creyendo que hasta ahora esto había sido prerrogativa de los hombres.

¡Típico de las tácticas del enemigo! Cuando Dios está por hacer algo, Satanás tratará de pervertir, abortar y destruir aun como lo hizo en el huerto de Edén. Él sabía que Dios, antes que Jesús regrese, "restaurará todas las cosas" [dicho por los profetas] (Mateo 17:11). Como él ha estado ahí desde el comienzo y oyó la orden de Dios para Adán y Eva, también supo que la unión de hombre y mujer sería una restauración crítica de los postreros tiempos. Una de las maneras en que podía asegurarse de impedirlo, sería producir aun más mala fama a las mujeres. Si él lograba incitarlas para que fueran ruidosas, jactanciosas, militantes y hostiles, esa unión se volvería más y más imposible.

Sin embargo a Dios nunca lo agarran desprevenido. Él permite que Satanás funcione sólo mientras le sirva a Su propósito. Necesitábamos corrección como sociedad y como Iglesia. Lo que Satanás pensó para mal, Dios lo ha vuelto para bien (Génesis 50:20). Tenemos que evaluar de nuevo lo que Dios quiso de nosotros, particularmente como hombre y mujer, y Él usaría el dolor de nuestros fracasos circunstanciales para llamarnos la atención.

No te pierdas lo que está haciendo Dios

"Las mujeres sienten que los hombres han perdido contacto con aquello para lo cual él fue creado verdaderamente. Él cambió su legado masculino por un falso sentido de masculinidad y Dios está quitando las muletas falsas para que los hombres busquen desesperadamente la masculinidad auténtica", explicaba McCoombs, en la entrevista con Josh McDowell antes citada, agregando: "Dios está contestando las oraciones que las mujeres han elevado durante años".

Después prosiguió diciendo: "Los hombres necesitan el respeto de las mujeres más que nada. Los hombres perdieron el respeto de las mujeres en el huerto y hemos tenido miedo y hemos luchado con este sentido de deficiencia durante generaciones y generaciones."

Dios nos llama como mujeres a ponernos alerta a lo que Él está haciendo hoy, a abrirnos para recibir a nuestros hombres, para recibir lo que Dios esté haciendo en las vidas de ellos. Dios también quiere reconciliar a los hombres en el núcleo de su ser, de su identidad, específicamente como hombres que Dios diseñó para ser. Tenemos que reconocer que ellos necesitan nuestra ayuda y nuestro apoyo, no nuestra rabia. Debemos soltar las heridas del pasado. Ambos, hombre y mujer, hemos estado llevando vidas afirmadas con "muletas falsas" para usar las palabras de McCoombs. Las muletas falsas es otro modo de decir que hemos usado máscaras, edificándonos identidades falsas y dependiendo de nuestra carne para hacernos aceptables y dignos en este mundo, en la iglesia y en nuestros matrimonios. ¡El costo de esta proyección falsa ha sido mareador! Hemos sido atrapados en un falso sistema del mundo y hemos cosechado el vendaval con ellos, aunque hayamos determinado sincera e intencionalmente seguir al Señor.

Dean Sherman, de la Universidad de Ministerios Cristianos de Jóvenes con una Misión, de la Universidad de las Naciones (JOCUM), dice: "Vivir conforme al sistema del mundo no sólo hacer cosas mundanas... es una falsa base para identificarse a uno mismo". Es una falsa base para determinar nuestra identidad y sentido de valor. Es mirar fuera del plan y caminos de Dios a un mundo donde el enemigo hace desastres.

Dios desea libertarnos hoy, liberarnos de nosotros mismos, liberarnos de la edificación de imágenes y autoprotección que nos mantiene enfocados en nosotros mismos e impotentes en el plan de Dios.

Donde el Señor manda la bendición

La línea de fondo de todo lo que Jesús vino a hacer era restaurar la relación: con Dios y de uno con otro. Él vino a destruir "las obras del diablo". Las obras del diablo, entonces y ahora, son las relaciones enajenadas y fragmentadas. El pecado es, en su núcleo, el fracaso para amar al prójimo. Todos los problemas del mundo, desde las guerras entre las naciones, la fractura de nuestra cultura, las divisiones de la Iglesia, el divorcio de los matrimonios, son todos problemas de las relaciones.

Cuando nuestras relaciones están bien, cuando andemos en la verdadera intimidad con Dios y el prójimo, tendremos un testimonio ante el mundo de que aquellos que verdaderamente buscan el significado de la vida serán incapaces de resistir. Nuestro amor auténtico de uno por otro, es lo que Jesús dijo que atestiguaría de su vida en nosotros (Juan 17:23). Sus discípulos no serían reconocidos por las sanidades físicas ni por los milagros, señales o prodigios, por maravillosos y excitantes que sean, sino por el amor. En la atmósfera de tal amor, es derramada la unción de Dios para lo milagroso y el poder que "rompe el yugo" de nuestros enemigos.

> *Mirad cuán bueno y cuán agradable es que los hermanos habiten juntos en armonía. Es como el óleo precioso sobre la cabeza, el cual desciende sobre la barba, la barba de Aarón, que desciende hasta el borde de sus vestiduras. Es como el rocío de Hermón que desciende sobre*

los montes de Sion; porque allí mandó el SE-
ÑOR la bendición, la vida para siempre.

Salmo 133

El óleo representa la unción del Espíritu Santo. En unidad hay unción y vida. En unidad Dios manda la bendición. Hasta que la unidad llegue al núcleo mismo de la creación de Dios: hombre y mujer, no habrá alcanzado su cumplimiento total. No es un accidente de la naturaleza que se necesiten ambos, hombre y mujer, para dar vida. Esto fue diseño de Dios. La ausencia de uno produce vacío, esterilidad e impotencia. El mundo no verá plenamente a Jesús totalmente reparado.

¿Cuál será nuestra respuesta como Iglesia en este día y hora, en esta época tan turbulenta de nuestra historia cuando Dios nos llama a acrecentar la presencia y efectividad espiritual en este mundo moribundo? Consideremos la pregunta y, luego, respondámonos uno a otro, hombre y mujer, como Barac: "¡No iré sin ti!" Dios diría indudablemente: "No pueden ir uno sin el otro. ¡La vida, el poder, la victoria saldrán de vuestra unión! Ahí es donde Yo di mi bendición. Desde el comienzo dije: "Que gobiernen, hombre y mujer, y ejerzan dominio sobre la tierra; yo no he cambiado mi plan. ¡Como dije así será!"

¡Oh Señor! Que haya una gran restauración como nunca hubo en la tierra, hombre y mujer, el fundamento de tu Casa, juntos con respeto, honor, valorándose uno a otro como indispensable para tu plan. Que vayamos adelante con poder, fuerza, con la revelación plena de Jesucristo en la tierra, conforme a tu diseño original, cumpliendo nuestro mandato declarado al comienzo del tiempo. ¡Lo rogamos orando por amor a ti, Señor, por tu gloria, por tu propósito! ¡Amén y amén. ¡Así sea!

¡Algo para pensar!

(Es necesario que leas la historia de Débora en Jueces 4-5 antes de considerar las siguientes preguntas.)

- Haz una lista de los diferentes papeles cumplidos por Débora en su vida y cómo piensas que ella se desempeñó en ellos.
- Describe la actitud de Barac hacia Débora y por qué piensas que él tenía tanta confianza en ella.
- ¿Qué constituyó a Débora y a Barac como líderes?
- Describe qué ocurre cuando los líderes dirigen.

Algo para pensar

- ¿Cuáles son algunos sucesos de nuestra historia reciente (los últimos 40 años) que han contribuido al estado presente del mundo occidental?
- Describe en qué manera ha sido afectada por esos sucesos la ideología de las mujeres del mundo secular. ¿Cuáles son algunos hechos correspondientes acaecidos durante el mismo período que nos señalan que Dios no ha sido tomado por sorpresa?
- Describe qué ha estado haciendo Dios en los corazones de las mujeres cristianas en los últimos 30 años y cuál es su propósito en esto.

Notas

Introducción

1. Rick Joyner, *Morning Star Prophetic Bulletin* (mayo de 1996).
2. Frances Frangipane, *The House of the Lord* (Lake Mary, FL, Creation House, 1991), p. 27.

Capítulo 1

1. DeVern Fromke, *The Ultimate Intention* (Cloverdale, Ind.: Sure Foundation, 1963), p. 29.
2. *Theological Wordbook of the Old Testament* (en adelante TWOT) editado por R. Laird Harris, Gleason L. Archer Jr., y Bruce K. Waltke (Chicago, IL: Moody Press, 1980), #437.
3. A. W. Tozer, *Best of Tozer* (Grand Rapids: Baker Book House, 1978), p. 162.
4. El verbo griego *onomadzo*, dar o llamar un nombre, viene del sustantivo *onoma*, que conlleva la plena autoridad, carácter y reputación de la persona nombrada. Ver *Theological Dictionary of the New Testament* (en adelante TNDT), editado por Gerhard Kittel (Grand Rapids: Wm. B. Eerdmans Publishing Company, 1967), Vol, V, p. 242 y siguientes. Ver también *A Greek English Lexicon of the New Testament and Other Early Christian Literature* (en adelante BAGD), editado por Walter Bauer, William F. Arndt, F.W. Wilbur Gingrich y Frederick Danker (Chicago: The University of Chicago Press, 1957; edición revisada en 1979), p. 570 y siguientes. Ver también *The New Strong's Exhaustive Concordance of the Bible* (en adelante Strong's). (Nashville: Thomas Nelson Publishers, 1984), #3686 y # 3687.
5. David Blankenhorn, *Fatherless America* (New York, NY: Harper-Collins, 1996), p.1 (Introducción).

Capítulo 2

1. *TDNT* 3:520; BAGD 409 a. Ver también Strong's #2602.
2. Fromke, *The Ultimate Intention,* p. 32.

3. *TDNT* 7:965, 1132; BAGD 801b. Ver también Strong's #4991, raíz # 4982.

4. Wayne Gruden, *Systematic Theology: An Introduction to Biblical Doctrine* (Grand Rapids: Zondervan, 1994), p. 442. Ver también Strong's # 6754.

5. *TWOT* #2103, #2104. También *The Brown-Driver-Briggs Hebrew and English Lexicon* (en adelante BDB) (Peabody, Mass.: Hendrickson Publishers, 1996; reimpreso de la edición de 1906), p. 915 y siguientes. Ver también Strong's #7235.

6. TWOT # 951; BDB p. 461b. Ver también Strong's # 3533.

7. Para otros ejemplos en que se usa sojuzgar (*kabash*), ver Josué 18:1; 2 Samuel 8:11.

8. TWOT # 951.

9. TWOT #2121, #2111; BDB p. 921-922. Ver también Strong's #7287.

10. *Spirit-Filled Life Bible*, Jack Hayford, General Editor (Nashville: Thomas Nelson, Publishers, 1991), p.1195.

11. Donald Grey Barnhouse, *The Invisible War* (Grand Rapids: Zondervan Publishing House, 1965), p. 51.

Capítulo 3

1. TWOT # 1553; BDB p. 713a. Ver también Strong's #5647.

2. TWOT #2104; BDB p. 11036b. Ver también Strong's #8104.

3. Watchman Nee, *Messenger of the Cross* (New York: Christian Fellowship Publishers, 1980), pp. 136-137.

4. Fromke, *The Ultimate Intention*, pp. 60-61.

5. TWOT #85; BDB p. 37b. Ver también Strong's #398.

6. *The New Englishman's Hebrew Concordance*, J.P.Green editores (Peabody, Mass.: Hendrickson Publishers, 1984), #398.

7. W. E. Vine, *Diccionario Expositivo de Palabras del Nuevo Testamento* (Grand Rapids: Fleming H. Revell Co., 1966), p. 319.

8. Nee, *Messenger,* pp. 130-131.

9. Ibid., p. 109.

10. TWOT #1708, #1709; BDB p. 94c. Ver también Strong's #905 (de #909).

11. George Ricker Berry, *The Interlinear Literal Translation of the Hebrew Old Testament* (Grand Rapids: Kregel Publications, 1975).

12. Sobre este versículo Katherine Bushnell dice: "Si Dios sencillamente hubiera querido significar con las palabras 'no bueno' que una sola persona no era cosa deseable, la expresión hebrea para 'una sola' de Josué 22:20; Isaías 51:2, y otros, hubiera parecido más

apropiada. Esta expresión significa, 'en su separación' y ¿de quién estaba Adán 'en separación' sino de Dios?" *God's Word to Women,* publicado primero en 1911 con el título *Women's Correspondence Bible Class*; publicada por primera vez con su título actual en 1916. La última edición fue impresa en 1930. Recientemente God's Word to Women Publishers, la ha vuelto a imprimir, P.O.Box 315, Mossville, IL 61552. Ver también una interesante biografía, Dana Hardwick, *O Thou Woman That Bringest Good Tidings-The Life and Work of Katherine C. Bushnell* (Saint Paul, Minn.: Christians for Biblical Equality, 1995).

Capítulo 4

1. TWOT #1924a.
2. Neil Anderson y Charles Mylander, *El matrimonio Cristocéntrico* (Editorial Unilit)
3. BDB P. 179C.
4. Marvin R. Vincent, *Word Studies in the New Testament* (Peabody Mass: Hendrickson Publishers, nd.)
5. Permite que aquí explique claramente que no digo que haya solamente una mujer para cada hombre y que cada uno debe buscar hasta encontrar su "otra mitad" o que, quizá, uno pueda casarse con la "otra mitad equivocada" o algo así. Tampoco digo que uno deba casarse para ser completa. Digo que *lo masculino de la creación de Dios debe ser completado o ayudado por lo femenino*. Si es casado, la completación tiene que empezar en esa relación. Aquellos que no estén casados tienen que saltarse esta lección e ir directamente a la iglesia como Cuerpo. Todas encontramos nuestra completación definitiva al permitirnos ser entretejidas efectivamente en el Cuerpo de Cristo.
6. TWOT #1598a; BDB p. 740b. Ver también *Strong's* #5828.
7. TWOT #1598. En realidad, "satisfacer" traduce dos preposiciones.
8. TWOT#1289; BDB p. 617. Ver también *Strong's* #5048, #5046.
9. TWOT #618; BDB p. 296a. Ver también *Strong's* #2332, #2331.
10. Donald Joy, *Relationships in the Image of God,* (Nappanee, IN: Evangel Publishing House, 1996), p. 92.
11. Donald Joy, *"Innate Differences Between Men and Women"* "Focus on the Family Radio Program", 1993.
12. TWOT #1071a; BDB p. 523a,b. Ver también *Strong's #3820 y #3824 "de muy amplio uso para denotar sentimiento, la voluntad y hasta el intelecto; igualmente, el centro de algo"*.

13. Queremos destacar aquí que el matrimonio no fue el único propósito de la mujer y que su valor y designio no se limitan a esa
relación. La iglesia misma necesita el beneficio de la influencia de
las mujeres para expresar plenamente la imagen de Dios. El matrimonio fue, no obstante, el propósito inicial de la mujer y si se casa
es su llamamiento primordial.

Capítulo 5

1. *Funk and Wagnall Standard Reference Encyclopedia,* Vol. 25 (New
York: Standard Reference Works Publishing Co., Inc.), p. 9265.
2. Matthew Henry, *Commentary on the Whole Bible,* Vol 6 (Grand
Rapids: Fleming H. Revell Co., nd.) p. 562.
3. "Será" aparece en cinco versiones de la Biblia en inglés (KJV,
NKJV, NASB, RSV Y NRSV). Sin embargo, la NIV y la CEV (otras
dos versiones más) dicen: "Tu deseo será por tu marido y él te
gobernará" (traducción libre del texto). Las diferentes traducciones
surgen de un desacuerdo legítimo de los eruditos referido a si
traducir el verbo dominante de la frase (*mashal*) como "he will rule"
o "he shall rule" (NT: will y shall connotan diferentes tiempos
verbales en inglés. Will connota más voluntad o querer en lo que
pasará; shall, connota más futuro que sucederá, algo como "deja
que él mande". La dificultad es un punto técnico de la gramática
hebrea. Ver *Gesenius' Hebrew Grammar*, 2nd, edition, editado por
E, Kautzsch y A. E. Cowley (Oxford: Clarendon Press, 1910 [20th
impresión, 1990]). Párrafo 48b. Ver también BDB p. 605c.
   La principal prueba del contexto de Génesis 3:16 para "he shall
rule" (deja que él mande) está sólo unos pocos versículos después
en Génesis 4:7, donde aparecen una secuencia y estructura grama-
ticales paralelas. Dios dice a Caín, "el pecado/te codicia, pero tú
debes dominarlo" tal como dijo a Eva que "tu deseo será para tu
marido, y él te dominará (will o shall?, en inglés)". Todas las
versiones corrientes de la Biblia concuerdan en que Génesis 4:7 es
un mandamiento; además el contexto de 4:7 parece tener menos
sentido si Dios sencillamente dijera a Caín "tú lo dominarás"
porque el relato deja claro que Caín no domina el pecado sino que
el pecado le domina a él, conduciendo al asesinato de su hermano
Abel. Por otro lado, la principal prueba a favor de que "él reinará"
(dominará, will) es que esta forma del verbo *mashal* (i.e., la tercera
persona imperfecta) se usa sólo en otros seis pasajes del Antiguo
Testamento (Éxodo 21:8; Jueces 8:23 (2 veces, reinará); Proverbios
17:2 y 22:7; Isaías 19:4) y que en ninguno de los casos el verbo se

traduce como mandamiento. Ver A New Concordance of The Old Testament Using the Hebrew and Aramaic Texts, 2ª edición, Abraham Even-Shoshan (Jerusalén: "Kiryat Sefer" Publishing House Ltd., 1989), p. 719. Segundo, el paralelismo de Génesis 3:16 y 4:7 podría no ser exacto. Las diferencias situacionales principales son (1) que el deseo del pecado y el deseo de la mujer no son lo mismo; y, (2) el 'reino" (gobierno, dominio) del marido sobre su esposa y el dominio de Caín sobre el pecado tampoco son lo mismo.

4. Ver *Strong's #8669*. *Teshuqah* se encuentra sólo tres veces en el Antiguo Testamento (Génesis 3:16; 4:7 y Cantares 7:10). En cada caso indica "deseo de dominar, tener, desear tener la posesión completa de' conforme al doctor Gary S. Greig (Profesor Adjunto de Antiguo Testamento, Escuela de Divinidad, Universidad Regent). El Cantar de los Cantares 7:10 tiene este significado tocante al apropiado deseo sexual en el matrimonio; Génesis 4:7 lo tiene tocante al deseo del pecado de dominar por completo a Caín y llevarle a hacer el mal; y Génesis 3:16 lo tiene tocante al deseo de la mujer de 'poseer a su marido'. Ambos versículos del Génesis, muy relacionados por gramática y contexto, indican un deseo inapropiado. Ver también BDB p. 1003b,c y TWOT # 2352a.

5. Aquí se trata de si la raíz *shuq* significa "estirarse para alcanzar, anhelar, desear" (Strong's #8669; "deseo, anhelo"; BDB p. 1003c) o si es un homónimo de *shuq* que significa algo diferente, "correr tras o por" (Strong's #7783); o "rebasar, rebosar, derramarse" (BDB p. 1003b, segundo significado de *shuq*). La cuestión se complica más porque las primeras traducciones de la Biblia hebrea (ver próxima nota) presupone, posiblemente, una variante textual que es el hebreo *teshuvah* con diferente raíz, *shuv* que sólo difiere de *teshuqah* y *shuq* por una letra. La raíz *shuv* significa "regresar, volverse" o "retornar, devolverse" (BDB p. 996d, p. 1003c).

6. NT: *teshuvah* también significa 'arrepentimiento" y *teshuv* ,'arrepentirse'.

   Todas las siguientes traducciones de la Biblia traducen *Teshuqah* (o *teshuvah*, ver nota 5) como 'volverse' en Génesis 3:16; 4:7 y Cantares 7:10 (*God's Word to Women*, párrafos 130-145): Septuaginta (versión autorizada en griego, hecha en la época de Jesús); Peshitta (siglo V d.C., al sirio); Pentateuco Samaritano, Latina Antigua (siglo IV y antes), Copta Sahídica (siglo II d.C.), Copta Bohaírica (siglos VI y VII d.C.), Armenia (siglo Vi d.C. y Etíope (siglos IV y V).

7. Párrafo 130 de *God's Word to Women*. Bushnell arguye que tenemos que traducir así este pasaje debido a que la Septuaginta traduce

Génesis 3:16 y 4:7 como *apostrofe* (apo, lejos de, y strofe devolver-se, regresar, retornar; BAGD pp. 100, 86, 771) y Cantares 7:10 como *epístrofe* (epi, hacia, strofe, devolverse, regresar, retornar).

8. "Harborview discute el asunto de la circuncisión de las niñas musulmanas" Carol M. Ostrom, periodista de planta, Seattle Times (septiembre 13 de 1996): 1.

Capítulo 6

1. Doctor Reed Davis, Crista Counseling Radio Program, KCIS, Seattle, WA, noviembre 10 de 1989.
2. Fromke, Intention, p. 11.
3. Larry Crabb, *The Marriage Builder* (Grand Rapids: Zondervan Publishing House, 1982), p. 48.
4. Fromke, Intention, p. 69.

Capítulo 7

1. George Guilder, *Men and Marriage* (Gretna, LA: Pelican Publishing Co.,Inc., 1986), p. 5.
2.. BAGD p. 403-4; TDNT 3:605,415. Ver también *Strong's* #2588.
3. BGD p. 349c; . Ver también Strong's #2272.
4. BGD p. 727c; . Ver también *Strong's* #4423 y #4072.
5. John and Paula Sandford, *The Transformation of the Inner Man* (South Plainfield, NJ: Bridge Publishing, Inc., nd.), pp. 217-218.
6. John Powell, *Will the Real Me Please Stand Up* (Allen TX: Tabor Publishing, 1985), p. 12.
7. John Powell (publicación desconocida).
8. Daphne Rose Kingma, *The Men We Never Knew* (Berkeley CA: Conrai Press, 1993), p. 53.

Capítulo 8

1. Hayford, *Spirit-Filled Life Bible*, p. 710.
2. TDNT 2:71, 150; BAGD p. 182, 181. Ver también *Strong's* #1225, #1228.
3. Marie Powers, *Shame, Thief of Intimacy* (Edmonds, WA: Aglow International,1996) p.26.
4. Terry Hershey, *GO Away, Come Closer* (Dallas TX: Word Publishers, 1990), p. x.
5. Larry Crabb, *The Silence of Adam* (Grand Rapids: Zondervan Publishing, 1995), p. 184.

6. *The Interlinear Bible*, Jay P. Greene Sr., General Editor and Translator (Peabody, MS: Hendrickson Publishers, 1984).

7. Nancy Groom, *Married Without Masks* (Colorado Springs: NavPress, 1989), pp. 112- 115.

Capítulo 9

1. Herbert Lockyer, *All The Women of the Bible* (Grand Rapids: Zondervan Publishing House, nd.), p. 270.

2. Ibid., p. 250.

3. TWOT #1407; BDB p. 665c. Ver también *Strong's* #5341.

4. BGD p. 349. Ver también *Strong's* #2272.

5. TWOT #233. Ver también *Strong's* #982.

6. Fran Lance and Pat King, *Healing the Wounds of Women* (Seattle WA; Free Lance Ministries, 1989) p. 88.

7. Hayford, *Spirit-Filled Life Bible*, p. 1160.

8. TWOT #1022.

9. BDB p.738b. Ver también *Strong's* #5797, #5810.

10. TWOT #1496b.

11. TWOT #1905c; BDB p. 965d. Ver también *Strong's* # 7832.

12. TWOT #1673c; BDB p. 782d. Ver también *Strong's* # 6106.

13. TWOT #1608a; BDB p. 742c. Ver también *Strong's* # 5850, #5849.

14. TWOT #1071a; BDB p. 523a. Ver también *Strong's* # 3820, #3824.

15. TWOT #2437.

Capítulo 10

1. *The American Heritage Dictionary of the English Language*, tercera edición (Boston MS: Houghton Mifflin Co., 1992), Versión electrónica.

2. Dutch Sheets, *Intercessory Prayer* (Ventura CA: Regal Books, 1996), p. 25.

3. Paul Billheimer, *Destined to Overcome* (Minneapolis: Bethany House, 1982), p. 24.

4. La idea fue tomada del libro *Destined to Throne* (Destinado al Trono) de Paul Billheimer (Fort Washington PA: Christian Literature Crusade, 1975), aunque no es cita textual.

5. TWOT #624;BDB p. 298c. Ver también *Strong's* #2428.

6. TWOT #624; BDB p. 298c. Ver también *Strong's* #2342

7. TWOT #255; BDB p. 124a. Ver también *Strong's* #1129.

8. TWOT #1022a.

9. *Strong's* #3027

10. BDB p. 840c. Ver también *Strong's #676*.
11. Fromke, *The Ultimate Intention*, p.10.
12. Éxodo 28:1-6, Apocalipsis 1:6. Las túnicas o mantos color púrpura representan realeza o ropajes reales en toda la Escritura. "Él nos ha hecho reyes y sacerdotes" tema en tiempo verbal presente referido a la función del creyente *ahora*, de dar testimonio y adoración. *Spirit-Filled Life Bible*, p. 1960.

Capítulo 11

1. Bob Sorge, *The Fire of Delayed Answers* (Canandaigua, NY: Oasis House, 1996) p.41.
2. Lockyer, *Women,* Introducción.
3. Arthur Matthews, *Born for Battle* (publicado conjuntamente por Overseas Missionary Fellowship and Send the Light Trust; New York NY: Banta Co., 1978), p. 165.
4. Hayford, Spirit-Filled Life Bible, p. 431.

Capítulo 12

1. Hayford, *Spirit-Filled Life Bible*, p. 1381.
2. James Dobson, *Straight Talk to Men and Their Wives* (Dallas, TX: Word Publishing, 1980), pp. 21,22.
3. Harold Lindsell, Ph.D., DD., Editor, *Harper Study Bible* (Gradn Rapids MMI: Zondervan Bible Publishers, 1971), p. 1427.
4. David Blankenhorn, *Fatherless America* (New York: Basic Books, A division of HarperCollins, 1995), p. 1.
5. • William Bennett, *Wall Street Journal*, fecha desconocida.
6. Aleksander Solzhenitsyn, publicación desconocida.
7. Robert Bork, *Slouching Towards Gomorrah* (New York: Regan Books, A division of HarperCollins, 1996), p. 2.
8. Ibid, p. 193.
9. Balnkenhorn, *Fatherless America*, p.2.
10. Francis Frangipane, *The Days of His Presence* (Cedar Rapids, IA: Arrow Publications, 1995), p.16.
11. Dobson, *Straight Talk*, p. 157.
12. John Powell, *Why Am I Afraid to Tell You Who I Am?* (Chicago: Argus Communications Co., 1969), p. 25, adaptación.
13. Ibid, p.5.
14. Aquí debo explicar que nada de lo dicho presupone que se excluya los solteros y solteras de funcionar en la iglesia con igual poder y destrezas para el desarrollo que los casados.

Por cierto que Dios tiene otros métodos de llevarnos a la madurez espiritual y emocional.

Sin embargo, la "norma" (como "método corriente") de tal desarrollo es dentro del matrimonio. Si se está casada, será el colmo del engaño pensar que el matrimonio y la familia pueden ignorarse o pasarse por alto pudiéndose lograr integridad espiritual y emocional en otro nivel. Podemos ser maravillosamente elocuentes, saber mucho de la Biblia, tener mucho carisma personal que ponga multitudes a los pies o que los conmueva hasta las lágrimas y hasta aparecer que se sirve al prójimo con gran sacrificio de sí mismo, pero todo eso puede ser solamente "carne" educada, y talentosa que se sirve a sí misma. Podemos ser emocionalmente vulnerables en los grupos de "rendición de cuentas" de mujeres u hombres pero si esa intimidad y rendición de cuentas no se trasladan al matrimonio en medida aun mayor, seguimos engañándonos. A menos que seamos reales y vulnerables en nuestros propios hogares, donde cada cual sirva y se dé al cónyuge e hijos, estamos todavía jugando a la autoprotección. Nuestro desarrollo espiritual verdadero seguirá estancado y nosotros seguiremos estando lejos del diseño original de Dios.

Capítulo 13

1. N. Hillyer, Revision Editor, *New Bible Dictionary*, segunda edición (Leicester, England: InterVarsity Press, and Wheaton IL: Tyndale House Publishers, 1962), p.637.
2. BDB p. 184b 965d. Ver también *Strong's* #1683, #1682.
3. BDB p. 180. Ver también *Strong's* #1696.
4. Samuel Prideaux Tregelles, traductor, *Gesenius Hebrew and Chaldee Lexicon* (Grand Rapid: Baker Book House, nd., #1696 (5).
5. Aunque el versículo 9 dice que Barac no tendrá gloria, 1 Samuel 12:9-11 le reconoce haber librado a Israel de la mano de Sísara y los ejércitos de Hazor. Barac no tuvo la gloria de dar el golpe mortal a Sísara, pero el honor de la victoria en la batalla fue obviamente compartido ("Bedan" en 1 Samuel 12:11 es Barac. Ver las versiones de la Biblia RSV, NEB y notas al margen de otras traducciones -al inglés).
6. *The Bethany Parallel Commentary* (Minneapolis, MN: Bethany House, 1985), citado por Matthew Henry, p. 449.
7. BAGD p. 115. Ver también *Strong's* #769.
8. *The Bethany Parallel Commentary*, citado por G. Campbell Morgan, p. 428.

9. *The Bethany Parallel Commentary* citado por Matthew Henry, p. 249.

10. Junia, así traducido en las versiones de la Biblia KJV, NKJV, NRSV y notas al margen de otras traducciones, es un nombre femenino. Otras traducciones lo traducen como "Junias" que es masculino. "Aunque el género de Junia(s) está en cuestionamiento, los primeros comentaristas consideran que es mujer, lo cual concuerda con la literatura grecolatina del siglo I d.C. El nombre Junia era muy corriente en Roma, aunque su forma masculina, Junias, no está corroborada". San Juan Crisóstomo, del siglo IV d.C., reconoció este nombre evidentemente como femenino cuando dijo: "Oh, cuán grande es la devoción de esta mujer". Catherine Clark Kroeger, Mary Evans, Elaine Storkey, Editoras de *Study Bible for Women, The New Testament*, (Grand Rapids MI: Baker Books, 1995).

11. Febe fue llamada sierva en la iglesia de Cencrea (Romanos 16:1,2) pero en griego se dice *diakonos*, o sea, diaconisa). Los eruditos concuerdan por lo general en que Febe tuvo un cargo oficial de diaconisa en la iglesia de Cencrea. También se la llama "ayudante" en el versículo 2, palabra cuyo griego es *prostemi* que describe la acción de gobierno de los "supervisores", etc., de Romanos 12:8; 1 Tesalonisenses 5:12; 1 Timoteo 3:4,5; 5:17; Tito 3:8,14. Pablo instruyó a toda la iglesia de Roma (hombres y mujeres) que la recibieran en el Señor de modo digno de los santos y la asistieran en lo que ella necesitara.

12. *The Bethany Parallel Commentary*, AT, citado por Matthew Henry, p. 1542.

13. Randy Phillips, "The Power of a Promise Kept", KIRO TV, abril 4 de 1997.

14. Ken R. Canfield, "Lutheran Brotherhood", Bond Publication (otoño de 1992).

15. Josh McDowell, programa radial semanal, citado por Dave McCoombs, mayo de 1994.